बालस्वरूप 'राही'
शेर मनपसंद

बालस्वरूप राही

डायमंड बुक्स
www.diamondbook.in

प्रकाशक : डायमंड पॉकेट बुक्स प्रा. लिमिटेड
X-30, ओखला इंडस्ट्रियल एरिया, फेज–II
नई दिल्ली–110020
फोन : 011–40712200
ई–मेल : sales@dpb.in
वेबसाइट : www.diamondbook.in
संस्करण : 2023

बालस्वरूप 'राही' शेर मनपसंद
by : *Balswroop 'Rahi'*

शेर मेरा वो सबसे अच्छा है,
याद जो आप को ज़बानी है।

एक से बढ़कर एक नायाब शेर

हिन्दी कविता में साठ के दशक से कविता के स्वरूप और प्रवृत्ति में कई तरह के बदलाव नज़र आने लगे थे। एक तरफ़ अतुकांत और विचार–कविता की सृजनात्मकता ने छायावादी गीतिकाव्य को नेपथ्य में धकेल दिया था, तो दूसरी ओर काव्यमंचों पर उर्दू ग़ज़ल की बढ़ती लोकप्रियता ने गीतकारों को ग़ज़ल–लेखन की ओर आकर्षित किया। गीतकारों द्वारा ग़ज़ल की ओर हुए इस सामूहिक रुझान का एक प्रमुख कारण ग़ज़ल और गीत की समान काव्य–प्रकृति भी रही। लेकिन जब ये गीतकार ग़ज़ल लेखन की ओर उन्मुख हुए तो स्वाभाविक रूप से ग़ज़ल में उनका वही हिन्दी संस्कारित गीतितत्व रूपांतरित होकर उद्भाषित होने लगा।

हिन्दी ग़ज़ल के इस नवोन्मेष में मंचीय आकर्षक लहजे और रूमानी भावों की प्रभावपूर्ण अभिव्यक्ति से ग़ज़लों को तीव्रता से जनस्वीकृति प्राप्त होने लगी। हिन्दी ग़ज़ल के इस विकास में बलबीर सिंह रंग, नीरज, रामावतार त्यागी, बालस्वरूप राही, दुष्यंत कुमार आदि अनेक कवि प्रमुख रूप से आगे आए।

बालस्वरूप राही पिछले साठ वर्षों से निरंतर ग़ज़लें लिखते आ रहे हैं। उन्होंने उर्दू ग़ज़ल की परम्परागत रागात्मकता ग़ज़लों से लिखना प्रारम्भ कर हिन्दी में छायावादोत्तर गीत–ग़ज़ल परंपरा को बरक़रार रखने का एक महत्वपूर्ण काम किया। लेकिन बाद में अपनी ग़ज़लों में विषयगत विविधता प्रदान करते हुए अपने समाज और समय के अंतर्संबंधों पर ग़ज़लें लिखीं और हिन्दी ग़ज़ल को

ऊर्जा प्रदान की। इस तरह हिन्दी में ग़ज़ल को लोकप्रिय बनाने और उसकी रचनात्मकता को समृद्ध करने में उनका नाम प्रमुखता से लिया जाता है।

बालस्वरूप राही के व्यक्तित्व के विविध आयाम हैं और प्रत्येक आयाम में अपनी श्रेष्ठता की छाप छोड़ी है। उन्होंने हिंदी साहित्य में स्नातकोत्तर उपाधि प्राप्त कर दिल्ली विश्वविद्यालय में उद्‌भट लेखक डॉ. नगेन्द्र के सान्निध्य में रहकर कुछ समय अध्यापन किया। इसके उपरांत बरसों तक लोकप्रिय पत्रिकाओं–जैसे 'सरिता' और 'साप्ताहिक हिन्दुस्तान' में, सम्पादन–कार्य कर उन्हें लोकप्रियता की नयी बुलंदियों तक पहुँचाया। उन्होंने एक अंग्रेज़ी पत्रिका 'प्रोब' का भी सफल संपादन किया। वे अनेक वर्षों तक देश की सर्वोच्च साहित्य संस्था 'भारतीय ज्ञानपीठ' के सचिव रहे तथा हिन्दी भवन, दिल्ली के महाप्रबंधक रहकर हिन्दी की सेवा करते रहे।

उन्होंने गीतकार के रूप में अपनी काव्य–यात्रा प्रारम्भ की और बाद में एक शायर के रूप में राष्ट्रीय कवि सम्मेलनों और मुशायरों में ख़ूब प्रतिष्ठा अर्जित की। उन्होंने गीत, ग़ज़ल, नाटक, बाल साहित्य, दूरदर्शन हेतु वृत्त–चित्रों की पटकथाएं और पहला हिन्दी ओपेरा भी लिखा है। उनकी प्रमुख प्रकाशित कृतियां हैं– मेरा रूप तुम्हारा दर्पण, जो नितांत मेरी हैं, ज़िद बाक़ी है, (गीत–संग्रह) और युगध्वनि कविता–संग्रह है। राग–विराग 'चित्रलेखा' के आधार पर हिन्दी का प्रथम ऑपेरा है। दादी अम्माँ मुझे बताओ, जब हम होंगे बड़े, बंद कटोरी मीठा जल, हम सबसे आगे निकलेंगे, गाल बने गुब्बारे, सूरज का रथ बाल–गीत–संग्रहों के माध्यम से बालगीतों को एक नई पहचान दी है। 'राही को समझाए कौन' तथा 'चलो फिर कभी सही' उनके दो चर्चित ग़ज़ल संग्रह हैं। 'राही को समझाए कौन' ग़ज़ल संग्रह में 'हिन्दी ग़ज़ल : आक्षेप और अपेक्षाएं' शीर्षक विस्तृत आलेख में राही जी ने हिन्दी ग़ज़ल की विकास गाथा और अपनी ग़ज़ल–यात्रा के सम्बंध में महत्वपूर्ण जानकारी दी है। प्रस्तुत

पुस्तक उनकी अब तक लिखित ग़ज़लों से लिए गए उनके मनपसन्द शेरों का संग्रह है, जो निश्चित रूप से उनकी शायरी का निचोड़ है। उन्होंने इन शेरों का चयन उनकी लोकप्रियता के आधार पर किया है।

प्रस्तुत संग्रह में ऐसे अनेक शानदार शेर हैं, जिन्हें बार–बार गुनगुनाने का मन करता है। ऐसे अनेक बेजोड़ शेर हैं, जो राही जी को एक बड़ा शायर बनाते हैं। वह इसलिए कि इन अशआर में राही साहब ने अपने दिल के एहसास को बड़ी साफ़गोई से प्रस्तुत किया है। कवि की अनुभूति जब शब्दरूप में अवतरित होती है, तो वह व्यष्टि से समष्टि तक संवेदित होकर समस्त सृष्टि का गान बन जाती है। यही राही जी की शायरी है। वे वेदना के कवि हैं, दर्द के कवि हैं। वे अपनी वेदना को काव्य की उपलब्धि और श्रृंगार मानते हैं। एक शेर में जब वे कहते हैं–

जो फ़साने दर्द से महरूम हैं, निस्सार हैं
वेदनाएं काव्य की उपलब्धि हैं, श्रृंगार हैं

एक और बेहतरीन शेर के माध्यम से बड़ी विनम्रता के साथ राही जी इस विराट काव्य–संसार में अपनी उपस्थिति कुछ यूँ दर्ज करते हैं–

हम पर दुख का परबत टूटा तब हमने दो–चार कहे
उसपे भला क्या बीती होगी जिसने शेर हज़ार कहे

लेकिन वे अपने दर्द को अपनी ताक़त और अपनी उर्जा भी बनाना चाहते हैं–

लगे जब चोट सीने में हृदय का भान होता है
सहे आघात जो हंसू कर वही इन्सान होता है

हृदय का भान होना वास्तव में जीवन में प्रेम का भान होना है। उस प्रेम के साथ के लिए त्याग और समर्पण का संदेश देता उनका यह शेर अद्‌भुत बन पड़ा है–

एक धागे का साथ देने को
मोम का रोम रोम जलता है

राही जी की शायरी की ख़ासियत है कि इनके शेर में आकर शब्द उस शेर को बहुअर्थी और व्यापक बना देते हैं। उनकी इस कलात्मकता ने प्रेमाभिव्यक्ति वाले अनेक शानदार अशआर उत्पन्न किये हैं। हालांकि उनकी बाद की ग़ज़लें उनके समूचे लेखन में बदलते सरोकारों और विषयवस्तु में आ रहे परिवर्तनों को दर्शाती हैं, जिसमें उनकी सामाजिक, राजनीतिक चेतना स्पष्टतः उभर कर सामने आई है। मिसाल के तौर पर उनके ये व्यंग्यात्मक शेर ग़ौरतलब हैं–

चंद हंगामे सही, देश में कुछ तो बदला
गुफ़्तगू के लिए कुछ शाम नए क़िस्से मिले

जो जलूसों को साथ लाए हैं
सुर्ख़ियों में वही समाए हैं

हमसफ़र, हमराज़, हमदम, जाने किस–किस भेस में
दिल की दौलत लूटने वो बाकमाल आता रहा

इस विसंगतियों से भरे समाज में आम नागरिक की बुरी तरह से उपेक्षा हो रही है। उसका अपमान हो रहा है। इस सन्दर्भ का यह एक मार्मिक शेर विचारणीय है–

अपनी पगडंडियां बनाने को
सब हरी दूब को कुचलते हैं

राही जी का काव्य–व्यक्तित्व, उनका आत्मसंघर्ष, पूरी तरह से सत्यता और मन की दृढ़ता से निर्मित हुआ है। तभी तो वे पूरी दृढ़ता से कह पाए हैं कि–

सच को सच झूठ को झूठ कहना पड़ा
शायरी शायरी है सियासत नहीं

अथवा

लगाकर कल्पना के पर उड़ा करते सभी नभ पर
शिला से शीश टकरा कर मुझे अभिमान होता है

अगर कल्पना के पर लगाकर वे उड़ते हैं, तो अपनी शायरी में वे यथार्थ की शिला पर भी पूरी नज़र टिकाए रखते हैं और आम आदमी की बदहाली, कशमकश और निराशा के कारकों पर व्यंग्यपूर्ण चोट करते हैं–

स्वर्ग कहकर स्वयं को छलते हैं
हम नरक से नरक बदलते हैं

भाग लेना हो जैसे मातम में
घर से हर रोज़ यों निकलते हैं

और यह भी कि–

हमने बौनों की जेब में देखी
नाम जिस चीज़ का सफलता है

आज के चालाक वक़्त में जहां शराफ़त, ईमानदारी या सरलता जैसे आदर्श अप्रासंगिक होते जा रहे हैं, तब बेहद चुटीला व्यंग्य करके शायर पाठक के मन को झकझोरने का सार्थक प्रयास करता है–

उसका कुछ तो इलाज करवाओ
उसके व्यवहार में सरलता है

चूँकि राही जी ने सच्ची पत्रकारिता की है, इसलिए समाज को खुली आंखों से और गहराई में उतर कर देखा व समझा है। उनकी स्मृतियों में एक तरफ़ आज़ादी का कठिन संघर्ष रहा, तथा दूसरी ओर लोकतंत्र के नाम से फैला यह छल–छद्म मिला, जहां जनता साल दर साल पिसती ही चली जा रही है। तब उनके दिल से यही तो निकलना था–

हर गीत देशभक्ति का नारों में ढल गया
क्या ख़ूब मेरे देश का नक़्शा बदल गया

उनका वह पत्रकार–मन रोज़ ग़रीब और दुखी समाज में विचरण करके जो बिम्ब चुनकर लाता तो उनका सहृदय कवि उसको शब्दों के लिबास पहनाता रहता था–

किस मुहूरत में दिन निकलता है
शाम तक सिर्फ़ हाथ मलता है

राही जी ने निम्नलिखित शेर के ज़रिए भी एक ज़रूरी मुद्दे को यहाँ उठाया है कि एक बुद्धिजीवी की समाज के प्रति क्या भूमिका होनी चाहिए, उसे समाज–निर्माण के लिए क्या दायित्व लेने चाहिएं? जबकि आज के बुद्धिजीवियों के व्यवहार में ऐसे विचार तक नहीं आते हैं, तब राही जी कटाक्ष करते हुए कहते हैं–

बुद्धिजीवी फिर इकट्ठे हो गए
फिर ज़रूरी प्रश्न टाले जाएंगे

ऐसे दुर्धर्ष समय में जहां समाज में लोग भ्रष्टाचार व लूट में लिप्त हों तब कवि समाज से पूछता है कि ऐसे में किससे सुरक्षा की अपेक्षा की जाए। इस दुर्व्यवस्था पर उनका यह प्रश्नाकुल शेर हमें बरबस सोचने पर मजबूर कर देता है–

लूटमार में सबका यारो एक बराबर हिस्सा है
कोई किसको चोर कहे तो किसको चौकीदार कहे

उन्होंने समाज में न्याय–व्यवस्था की कमज़ोरियों पर भी प्रबल व्यंग्य प्रहार कर पूरे तंत्र की पोल खोलते हुए प्रतिवाद किया है–

ये शुक्र मना इतना तो इंसाफ़ हुआ है
तुझ पर ही तेरे क़त्ल का इल्ज़ाम नहीं है

यह खुला सत्य है कि आज के जीवन की समस्याओं का कारण सिर्फ़ हमारी अयोग्य व भ्रष्ट राजनीति ही है। तभी राही जी उन तथाकथित 'क़ौम के ठेकेदारों' को बेबाक होकर इसका ज़िम्मेदार ठहराते हुए कहते हैं–

लोग शरमाएं इसे अपना वतन कहने में
ऐसी ख़िदमत न करो क़ौम के ठेकेदारो

उम्मीद की जिस छत के तले 'राही' रुका मैं
वो छत ही क़यामत की तरह सिर पे ढही है

आज समाज की रग–रग में भ्रष्टाचार समा गया है, तब सरकारी योजनाओं के छल और कपट को तीक्ष्ण व्यंग्य के ज़रिये वे इस तरह उजागर करते हैं–

कैसे काग़ज़ हैं न गलते हैं न तर होते हैं
एक मुददत से खिंची इन पे नहर है यारो

और जो लोग इस अव्यवस्था के स्थान पर नया परिवर्तन लाना भी चाहते हैं, तो उन्हें यथास्थितिवादी यह व्यवस्था प्रताड़ित करती है और अपराधी मानकर अपमानित करती है–

जिनकी कोशिश है कि कुछ बेहतर करें
नाम उनके ही उछाले जाएंगे

राही जी देख रहे हैं कि देश की इस स्वार्थपूर्ण राजनीति ने 'बांटो और राज करो' की नीति के तहत समाज में साम्प्रदायिक विद्वेष, धार्मिक कट्टरता के द्वारा जनता को आपस में लड़ाने का काम अधिक किया है–

मशाल ले के जो निकले थे रोशनी करने
उन्हीं की आग से कितने दिलो–दिमाग़ जले

रोटी सेक रहा है कौन
सारा शहर बना तंदूर

आधुनिकीकरण तथा बढ़ते धनतन्त्र, बाज़ारबाद और भूमंडलीकरण ने आज हमारी सोच, हमारे जीवन–मूल्यों को आमूलचूल बदल कर रख दिया है। इस परिदृश्य पर राही जी के अनेक शेर इस पुस्तक में संकलित हैं। बानगी के रूप में–

ये महके जिस्म, बहके दिल, बड़ी रंगत के दिन आए
हमारे दिन गए दुनिया में तब जन्नत के दिन आए

फूल आख़िर फूल हैं, ख़ुशबू गई कुम्हला गए
आदमी अच्छाइयां खोता है इतराते हुए

झूठ कि जैसे तानाशाह
सच जैसे बंधुआ मज़दूर

देश के अमर शहीदों ने इस देश की आज़ादी को पाने के लिए जहाँ अपना जीवन कुर्बान किया, वहीं उसे अमीर और स्वार्थी लोग नीलाम करने पर उतारू हैं–

जो मैंने ख़रीदा था कभी बेच के ख़ुद को
नीलाम में बिकता वो मकाँ देख रहा हूँ

इस तथाकथित विकासवाद से सबसे बड़ा नुक़सान प्रकृति का हुआ है। प्रदूषण, मौसम की मार, धरती का बढ़ता तापमान तथा भूकंप जैसी प्राकृतिक आपदाएँ रोज़ हमारे सामने आ रही हैं। वे इस बिगड़ रहे वातावरण से चिंतित होकर कहते हैं–

खेतों का हरापन मैं कहाँ देख रहा हूँ
मैं रेल के इंजन का धुआँ देख रहा हूँ

राही जी हमें इस भयावह समय के प्रति आगाह करते हुए सचेत रहने का आह्वान करते हुए यूँ कहते हैं–

कम से कम चन्द चिराग़ों को जला कर रखना
ये सदी एक अँधेरे का सफ़र है यारो

एक पत्रकार के रूप में वे अपने सभी पत्रकारों से भी अपेक्षा करते हैं कि वे ऐसी सकारात्मक ख़बरें लाएं, जिससे जनसामान्य में नई चेतना जाग्रत हो और समाज में उत्साह का वातावरण बने–

जिसको पढ़कर ये लगे लोग अभी ज़िंदा हैं,
कोई तो ऐसी ख़बर लाओ कभी अख़बारो!

वे अपने कवि–कर्म के साथियों और उनकी कविता के सरोकारों पर संदेश देते हैं। इस सन्दर्भ के कुछ शेर यहाँ प्रस्तुत हैं–

मत सोच कि क्या तूने दिया, तुझको मिला क्या
शायर है जमा–ख़र्च तेरा काम नहीं है

जिनके सपनों में आग होती है
रात–भर करवटें बदलते हैं

उस का जीना है बेवजह जीना
जिस की आंखों में कोई ख़्वाब नहीं

वे शेर की स्मरणशीलता को एक बड़ा काव्यगुण मानते हुए कहते हैं–

शेर मेरा वो सब से अच्छा है
याद जो आप को ज़बानी है

इसके लिए निस्स्वार्थ कर्म की भावना से पगे उनके सूक्तिरूप ये शेर यहाँ उल्लेखनीय हैं–

पहचान अगर बन न सकी तेरी तो क्या ग़म
कितने ही सितारों का कोई नाम नहीं है

ख़्वाब जितने भी थे दम तोड़ दिया सबने ही
फिर भी मरने न दिया आंख का पानी हमने

राही जी की ग़ज़लों की ये विशेषता है कि वे उम्मीद का दामन कभी नहीं छोड़तीं. मसलन यह शेर देखें–

जब भी बेहद बढ़ी परेशानी
सूखे पौधों को दे दिया पानी,

अथवा–

अंधेरा रात–भर जग कर गढ़ा करता नया दिनकर
सदा ही नाश के हाथों नया निर्माण होता है

कवि एक तरफ़ वर्तमान की व्याख्या करते हुए अपने उज्ज्वल भविष्य के लिए नए जीवनमूल्यों की बुनियाद भी रखता है और हमें आश्वस्त करता है कि उसका कथन इल्हाम या देववाणी हो जाए–

आजकल मेरी ग़ज़ल ग़ौर से सुनना यारो
मैंने जो कुछ भी कहा है कहीं इल्हाम न हो

अपने लेखन को समय को समर्पित करने का उनका यह भाव बहुत व्यापक और प्रेरक है। यह शेर हमें संदेश दे रहा है कि हमारे द्वारा किए जा रहे कामों का अंतिम मूल्यांकन अभी शेष है, इसलिए हमारा दायित्व है कि सिर्फ़ अपना काम किए जाओ। साथ ही कवि हमें सावधान भी कर रहा है कि तुम जीवन में जैसा काम करोगे वैसी ही तुम्हारी छवि बनेगी–

वक़्त का आख़िरी फ़रमान अभी बाक़ी है
मेरे अंजाम का ऐलान अभी बाक़ी है

उपर्युक्त विश्लेषण से यह स्पष्ट है कि यह संग्रह पहले पन्ने से आख़िरी पन्ने तक एक से बढ़कर एक नायाब शेरों से भरा है। एक बड़े शायर की पहचान भी इसी बात से होती है कि उनके पास कितने अधिक उद्धरणीय शेर हैं। चूँकि राही जी का लहजा कवि सम्मेलन और मुशायरे के शायर जैसा है, इसलिए प्रारम्भिक दौर में रूमानियत वाले शेरों की तादाद ज़्यादा रही है, जिनमें विशुद्ध रूमान और तीक्ष्ण भावुकता मिलती है। कवि सम्मेलनों और मुशायरों में ऐसी भावुकतापूर्ण शायरी का अपना आनंद होता है, जो आज भी ग़ज़ल–प्रेमियों के सर पर चढ़कर बोलती है, जिसमें पुरअसर जज़्बात का इज़हार होता है। इस संग्रह के अशआर राही जी की पिछले छह दशकों की लम्बी ग़ज़ल–यात्रा का प्रतिनिधित्व करते हैं। इसका मुख्य कारण यह है कि उन्होंने ग़ज़ल–विधा को बड़ी ही आत्मीयता से अपनाया है।

राही जी की शायरी का कैनवास बहुत बड़ा है और कहने का लहजा भी अलहदा है। कहन का उनका यह आत्मीय लहजा है,

जो जीवन की विडम्बनाओं को बड़ी कलात्मकता से प्रस्तुत करना चाहता है। लेकिन यहाँ किसी तरह की वैचारिक पेचीदगी नहीं है, यहाँ जीवन की गूढ़तम बातें भी बड़ी सरलता से कही गई हैं, क्योंकि इन शेरों में कल्पना, संवेदना, और चिन्तना का अद्भुत संगम है। उनकी ग़ज़लों का कथ्य जीवनधर्मी है। श्रेष्ठ ग़ज़ल वही होती है, जिसमें शायर का व्यक्तित्व उभर कर आता है। इन शेरों को पढ़कर कह सकते हैं कि उन्होंने ज़िंदगी को बड़ी सूक्ष्मता से देखा–परखा है। ये शेर नाजुकी और सादगी से संपन्न हैं और किसी तरह की तल्ख़ी, ग़ुस्सा या उथलेपन से भी मुक्त हैं।

दरअसल राही जी प्रेम और राग के शायर हैं। इनकी ग़ज़लों का स्थायी तत्व प्रेम है। इनके अधिकांश अशआर प्रेम से वाबस्ता हैं। उनकी प्रारम्भिक शायरी तो प्रेम के इर्द–गिर्द ही बुनी गई है। यहाँ मुहब्बत के जज़्बात से लबरेज़ अनेक शेर हैं, जो ग़ज़ल–प्रेमियों के दिलों में जाकर बस जाते हैं और जिन्हें लोग गुनगुनाए बिना नहीं रह पाते हैं। इन ग़ज़लों में जो प्रेम अभिव्यक्त हुआ है, वह उनके परिवेश के प्रति गहरे लगाव से उपजा है। इस प्रेम का दायरा संकुचित न होकर बहुत व्यापक है, जिसमें सारी मानवता समा जाती है।

यद्धपि उनकी प्रारम्भिक ग़ज़लें उनकी गीत–रचना का ही विस्तार लगती हैं, जिनकी विषयवस्तु प्यार और श्रृंगार की भावभूमि पर ही अवस्थित है, लेकिन बाद में उन्होंने ग़ज़ल में यथार्थ की अभिव्यक्ति को तरजीह दी है, जिसमें पर्याप्त युगबोध मिलता है।

शिल्प की दृष्टि से उनकी ग़ज़लें कसी हुई हैं। इन ग़ज़लों में शिल्पगत मान्यताओं का पूरी तरह से निर्वाह दिखाई देता है। इनमें गीतात्मकता की ओर झुकाव दृष्टव्य है। उन्होंने परम्परागत बिम्ब और प्रतीकों में नए सन्दर्भ भरने का प्रयास किया है। यहां कथ्य से भी बढ़कर ग़ज़लों का रूपगत सौंदर्य अधिक आकर्षण पैदा करता है। राही जी संवाद की भाषा में अपनी ग़ज़लों का श्रृंगार करते हैं, जिससे शेर पहले पाठ में ही हृदय तक प्रवेश कर जाता है। गुफ़्तगू

का उनका यह लहजा संजीदा है। अपने शेरों में आमफ़हम उर्दू शब्दों का प्रयोग उन्हें संप्रेषणीय और असरदार बनाता है।

इन अशआर में भाषा की सादगी का सौंदर्य भी देखते बनता है। शब्द चाहे हिन्दी के हों या उर्दू के, उन्हें बहुत सहजता से राही जी ने अपने अशआर में पिरोया है। ये अशआर अपना हिन्दी स्वभाव बनाए रखते हैं और भाषा में संप्रेषणीयता की शर्त पूरी करते हैं। यहाँ राही की भाषा साफ़ और लोचदार है। इनके यहां भारी–भरकम शब्दों का प्रयोग नहीं है। व्यंग्य का प्रयोग इनकी भाषा की शक्ति बनकर आया है, जो पाठक को अंदर तक झकझोर देता है; क्योंकि वे जानते हैं कि ग़ज़ल आम जन के दिल की आवाज़ होती है।

दरअसल, ग़ज़ल कम शब्दों में बड़ी बात करने की विधा है। राही जी ने इन अशआर में संकेतों, प्रतीकों और बिम्बों के ज़रिए ज़िंदगी के तमाम रंगों को चित्रित करने का प्रयत्न किया है। चूँकि उन्होंने ग़ज़ल को आत्माभिव्यक्ति के माध्यम के रूप में अपनाया है इसलिए उनकी अनुभूतियाँ स्फुर्लिंग की तरह हमारे दिलों को प्रकाशित करती हैं। उनकी शायरी का यह प्रकाश, यह रंग और महक औरों से बिल्कुल अलग है. क्योंकि वे भावना के गायक हैं, जहाँ भावों की कोमलता प्रेम और मानवीय गरिमा की तान बन कर गूँजती है। इस तरह राही जी बेहद संजीदा और अलहदा लहजे के ग़ज़लकार के रूप में नज़र आते हैं। वे अपने इसी अंदाज़ से, इसी लहजे से पहचाने जाने वाले एक चहेते शायर हैं।

यद्धपि उनकी शायरी पर परम्परागत उर्दू ग़ज़ल का प्रभाव सदैव बरक़रार रहा है, लेकिन समकालीन हिन्दी कविता का आधुनिक जीवनबोध भी यहाँ धीरे–धीरे उतर रहा है। इस तरह उनकी ग़ज़लों में परम्परा और आधुनिकता के बीच एक द्वंद्व से उत्पन्न अंतर्विरोधों को उजागर करने की कोशिश नज़र आती है। बड़ी बात यह है कि उनके अशआर में मानवीय संवेदना सर्वत्र गुनगुना रही है, जो समकालीन कविता का प्रमुख स्वर भी है। उनके पास ग़ज़ल का

ख़ूबसूरत सलीक़ा है, भरपूर तग़ज़्ज़ुल है और इस तग़ज़्ज़ुल के लिये सहज भाषा भी है। राही की अनुभूतियों की गहनता और कहन की स्पष्टता उनकी ग़ज़लों को सार्थक बनाती है। ऐसी सार्थकता उनके भाव–स्थितियों में गहरे उतरने से ही आ पाई है। वे गहरे उतरे भी हैं, तभी उनकी ग़ज़लों में अनेक नायाब शेर उतरे हैं। वास्तव में आज के इस अवसाद भरे वातावरण में उनकी यह शायरी श्रोता या पाठक को भरपूर आनंद देती है, सुकून देती है, ऊर्जा देती है और दिशा देती है।

अतः पूर्णतः आश्वस्त हुआ जा सकता है कि प्रस्तुत संग्रह के बेहतरीन अशआर हिन्दी में लिखी जा रही उस ग़ज़ल की विकास–यात्रा में महत्वपूर्ण योगदान करेंगे, जो लम्बे समय से भारतीय समाज और संस्कृति की अभिव्यक्ति का लोकप्रिय माध्यम बनी हुई है।

–हरेराम समीप

संपर्क : 395 सेक्टर 8, फरीदाबाद–121006

मोबाइल : 9871691313

शेर जो मेरी पहचान बन गए

जब शायरी ने मेरा ध्यान खींचा, तब मैं नौ–दस साल का था। मेरे छह बड़े भाइयों में से तीन–चार बड़े भाई शेरो–शायरी के बेहद शौक़ीन थे। उस ज़माने में बैतबाज़ी (अन्ताक्षरी) का बड़ा प्रचलन था। मेरे भाइयों को अनेक शेर मुंह–ज़बानी याद थे जो बैताबाज़ी में उनके काम आते थे। उन में से दो शेर मेरे दिल–दिमाग़ पर छा गए थे।

एक शेर तो यह था–

सब कुछ ख़ुदा से मांग लिया तुझ को मांग कर,
उठते नहीं हैं हाथ मेरे इस दुआ के बाद।

और दूसरा शेर था–

मगस को बाग़ में जाने न देना
के नाहक़ ख़ून परवानों का होगा

इस शेर में कितना अनकहा छोड़ दिया गया है यह देख कर हैरानी होती है। मगस कहते हैं शहद की मक्खी को। शहद की मक्खी चमन में जाएगी तो मोम का छत्ता बनाएगी। मोम से मोमबत्ती बनेगी। मोम बत्ती जलेगी तो परवाने मंडराएंगे और झुलस जाएंगे। शेर में कितना अनकहा छोड़ दिया गया है। ये शेर मेरे दिल–दिमाग़ पर छा गया।

शायरी दिल–दिमाग़ पर छा गई तो मैं ने भी तुकबन्दी शुरू कर दी। तुकबन्दी शुरू हुई तो कोई तख़ल्लुस–उपनाम–रखना भी ज़रूरी हो गया। मंज़िल तो कोसों दूर थी, मैं ने अपना उपनाम रख लिया 'राही'। मेरी प्रथम प्रकाशित कविता संयोग से एक बाल कविता

है–'चन्दा मामा, चन्दा मामा, मेरे आंगन में तुम आना। कितने सुन्दर कितने प्यारे, मन को हर लेते हो हमारे।' प्रथम प्रकाशित कविता पर पारिश्रमिक स्वरूप जब 8 रुपये का पारिश्रमिक मनी आर्डर के रूप में आया, तो जो ख़ुशी मुझे हुई उस का बयान नहीं कर सकता। अब अगर आठ सौ रुपए भी मिल जाएं तो वह ख़ुशी नहीं मिल सकती।

पहली बार मेरी कविता उस समय की अति लोकप्रिय पत्रिका 'सरिता' में प्रकाशित हुई थी जिस का शीर्षक था–'नया विश्व'। अब तो उस की बस कुछ पंक्तियां याद रह गई हैं–

न तक़दीर होगी, न भगवान होगा,
नए विश्व में सिर्फ़ इंसान होगा।
बनाते सभी आए हैवां को इंसां
मैं इंसां को इंसां बनाने चला हूं!
नई एक दुनिया बसाने चला हूं।

संयोग से वह कविता अति लोकप्रिय हो गई। उस से जुड़ी एक घटना मैं भूल नहीं पाता। मेरे बड़े भाई तिमारपुर के सरकारी स्कूल में पढ़ाते थे।

स्कूल के कुछ अध्यापकों ने वह कविता पढ़ ली। उन्हें इतनी पसन्द आई कि स्कूल में एक कार्यक्रम तय हुआ तो उन्होंने मेरे बड़े भाई से कहा कि स्कूल में जो कार्यक्रम हो रहा है उस में कविता पढ़ने के लिए अपने छोटे भाई बालस्वरूप को बुला लो। मेरे बड़े भाई गोविन्द स्वरूप उसी स्कूल में पढ़ाते थे। भाई साहब मान गए और घर आ कर मुझे मना लिया। मैंने जब फ़ंक्शन में यह कविता पढ़ी तो तहलका मच गया। मैं जो आप को सुना रहा हूं, वह अगले दिन का क़िस्सा है। हम जहां रहते थे वहां से बाज़ार काफ़ी दूर था। मेरे एक बड़े भाई कभी कुछ कभी कुछ लाने के लिए मुझे वहां भेजते रहते थे। मेरे स्कूल में काव्यपाठ के अगले दिन उन्होंने कुछ लाने के लिए मुझे बाज़ार भेजा। मैं जिस सड़क से बाज़ार जाता था, उस

की दाईं ओर भी मकान और बाईं ओर भी मकान थे। अचानक दाईं तरफ़ के एक मकान से एक लड़की निकली। उस ने मुझे सड़क पर जाते हुए देख लिया। सड़क के बाईं ओर के मकानों में उस की कुछ सहेलियां रहती होंगी। उस ने ज़ोर से आवाज़ लगाई–'कमला, बिमला, छिप जाओ। इंसां को इंसां बनाने वाला जा रहा है। इंसान बना देगा।' मैं घबरा कर तेज़ी से आगे बढ़ गया। पहली बार यह अहसास हुआ कि अगर कविता हिट हो जाए तो क्या–क्या नतीजे निकल सकते हैं।

मेरी ग़ज़लों के प्रकाशन की शुरुआत भी 'सरिता' से हुई। ग़ज़लों को लोकप्रियता तो मिली मगर उन की आलोचना भी बहुत अधिक हुई। 'सरिता' के संपादकीय विभाग के वरिष्ठ सदस्य ने मुझे बताया कि कई उर्दू वाले आप की ग़ज़लों के प्रकाशन पर आपत्ति कर रहे हैं। हमें आप की ग़ज़ल छापने में परेशानी हो रही है।' मैं ने निराश होकर उर्दू के एक बड़े शायर, जो तिमार पुर में ही रहते थे, अर्श मलसियानी साहब से अपना दुखड़ा रोया तो उन्होंने कहा कि तुम ग़ज़ल कहना जारी रखो, तुम्हारी ग़ज़लगाई पर जो ऐतराज़ किए जा रहे हैं, उनका जवाब मैं दूंगा। मैंने ग़ज़ल कहना जारी रखा। जब मैं नौवीं–दसवीं में पढ़त था, तब हमारे उर्दू के शिक्षक थे सूरज प्रकाश 'सागर' जी जो एक कामियाब शायर थे। मैं इस्लाह लेने के लिए अपनी ग़ज़लें उन्हें दिखाता था। उन की प्रतिक्रिया भी यही थी कि मुझे अपना काव्य–लेखन हिन्दी तक ही सीमित रखना चाहिए।

मगर मैं क्या करता! उर्दू तो मुझे घुट्टी में मिली थी। बचपन में ही ग़ज़ल मेरे रोम रोम में समा गई थी। पत्र–पत्रिकाओं में ग़ज़लों के प्रकाशन का सिलसिला जारी रहा। कवि गोष्ठियों, कवि–स्म्मेलनों में ग़ज़ल पाठ मेरी भागीदारी का एक प्रमुख भाग बना रहा है। मेरे कुछ शेर ख़ास तौर पर श्रोताओं की तालियां बटोरते रहे हैं। मिरांडा हाउस, इन्द्रप्रस्थ कॉलिज, श्रीराम कॉलिज, हिन्दू कॉलिज, रामजस

कॉलिज, करोड़ी मल कॉलिज जैसे कॉलिजों में मेरी ग़ज़लें भरपूर तालियां लूटती रही हैं।

कॉलिजों में मेरी लोकप्रियता का आलम यह था कि कई बार समस्या खड़ी हो जाती थी। एक बार मिरांडा हाउस में कवि सम्मेलन हो रहा था जिस की अध्यक्षता कविवर नरेन्द्र शर्मा जी कर रहे थे। उस में अनेक यशस्वी कवि भाग ले रहे थे। समस्या यह पैदा हुई कि जब भी नरेन्द्र जी काव्यपाठ के लिए किसी कवि का नाम लेते थे, तो लड़कियां शोर मचा देतीं–'राही जी.... राही जी।' नरेन्द्र जी ने परेशान हो कर मुझ से कहा–'राही' पहले तुम पढ़ लो। कवि–सम्मेलन आगे तो चले।' काव्यपाठ के लिए मुझे बुलाया गया तो श्रोताओं ने तालियों की गडगड़ाहट से मेरा स्वागत किया। वहां मैंने यह ग़ज़ल पढ़ी थी–

तुम न गुज़रोगे इधर से ये सही है लेकिन
तुम ने करने को कहा इंतज़ार, बैठे हैं

एक भी चांद तुम्हें अपने साथ ला न सका
हम तो हर रात की ज़ुल्फ़ें संवार बैठे हैं

एक प्रसंग साहित्यकार, 'धर्मयुग' संपादक डॉ. धर्मवीर भारती से जुड़ा है। मैं ने उन्हें अपनी एक ग़ज़ल 'धर्मयुग' में छापने के लिए भेजी। बम्बई में एक कवि–सम्मेलन हो रहा था। उस में भाग लेने के लिए दिल्ली से कई कवि गए थे। वे भारती जी से मिलने उनके घर गए। उन में देवराज दिनेश, रामावतार त्यागी, रमानाथ अवस्थी कवि ख़ास तौर पर शामिल थे। भारती जी ने उन का स्वागत करते हुए कहा–'बैठिए, बैठिए! मैं अभी आता हूं।' वह भीतर के कमरे में गए और मेरी ग़ज़ल ले आए उन्होंने मेरी ग़ज़ल उत्साह से पढ़ कर सुनाई। वह ग़ज़ल थी–

हम पर दुख का परबत टूटा तब हमने दो–चार कहे,
उस पे भला क्या बीती होगी जिसने शेर हज़ार कहे।

सब कवियों ने ग़ज़ल की मुक्तकंठ से प्रशंसा की। यह घटना सुनकर ग़ज़ल कहने में मेरा हौसला और पुख़्ता हो गया।

एक घटना और याद आ रही है। दूरदर्शन में एक विराट कवि–सम्मेलन हो रहा था जिस की अध्यक्षता वसंत साठे कर रहे थे और संचालन मैं कर रहा था। श्रीमती कुमुद बेन जोशी भी आई हुई थीं। कवि–सम्मेलन में बच्चन, नीरज, शिवमंगल सिंह सुमन जैसे अनेक बड़े कवि भाग ले रहे थे। अवसर देख कर जब मैं ने अपनी एक ताज़ा ग़ज़ल पढ़नी शुरू की तो उस का धुआंधार स्वागत हुआ। उस के एक शेर पर तो साठे जी इतने मुग्ध हुए कि उन्हांने कहा–फिर पढ़ो। वह शेर मोम बत्ती पर था–

एक धागे का साथ देने को
मोम का रोम रोम जलता है

बाद में यह शेर लोगों की ज़बान पर चढ़ गया।

तो ऐसे बहुत से प्रसंग हैं जिन से मेरी हौसला अफ़ज़ाई होती रही है, मुझ में विरोधों और आलोचनाओं का सामना करने का दम बना रहा। मुझे बेहद ख़ुशी है कि मेरे अनेक शेर लोगों की ज़बान पर चढ़ गए हैं, उन की बात–चीत का हिस्सा बन गए हैं।

हिन्दी में लोकप्रिय ग़ज़लकारों की संख्या ख़ूब बढ़ती जा रही है और उर्दू ग़ज़लों की तरह हिन्दी ग़ज़लों के अनेक शेर लोगों के दिल–दिमाग़ पर छाते जा रहे हैं और बात–चीत का हिस्सा बन रहे हैं। हिन्दी ग़ज़ल को उचित सम्मान दिलाने और उसे अत्यधिक लोकप्रियता दिलाने में अनेक आलोचकों का महत्वपूर्ण स्थान है। इस सन्दर्भ में एक अत्यन्त उल्लेखनीय नाम है–हरेराम 'समीप'। वह न केवल एक जाने–माने ग़ज़लकार हैं, उन्होंने अनेक लब्धप्रतिष्ठ ग़ज़लकारों के विशिष्ट संकलनों की भूमिकाएं भी लिखी हैं। अनेक ग़ज़लकारों ने अपने चुने हुए शेर पुस्तक रूप में पेश किए हैं, जिन के प्रस्तुतीकरण में समीप जी की महत्वपूर्ण भूमिका है। मैं भी अपने लोकप्रिय शेरों का संकलन उन्हीं की प्रेरणा से प्रस्तुत कर रहा हूं।

मैं ने प्रस्तुत संकलन 'बालस्वरूप राही : शेर मनपसंद' में अपने लोकप्रिय शेरों को एक जगह संजो दिया है। इन में वे शेर तो हैं ही जिन्हें ग़ज़ल–प्रेमियों का अपार प्यार मिला है, ऐसे शेर भी हैं जो मुझे ख़ास तौर पर पसंद हैं।

ये वे शेर हैं जो मेरे दिल से निकले हैं। यह मेरी खुशकि़स्मती है कि इन में से अनेक शेर पाठकों–श्रोताओं की ख़ास पसंद बन गए हैं।

हालात ने मुझे बार–बार तोड़ा है। मेरी जीवन–संगिनी पुष्पा राही ने मुझे बार–बार ज़िन्दगी से जोड़ा है। वह स्वयं भी एक जानी–मानी कवयित्री हैं।

यह मेरे लिए मसर्रत की बात है कि फ़्लैप का मैटर मेरे बेहतरीन दोस्त अज़ीम अदीब प्रो. सादिक़ ने लिखा है।

मैं डायमंड पॉकेट बुक्स के स्वामी नरेन्द्र कुमार जी का भी हृदय से आभारी हूं जो मेरी कविता के शैदाई हैं और उसे पूरे मनोयोग के साथ पाठकों तक पहुंचाते हैं।

मैं कृतज्ञ हूँ इन शेरों का जो मेरी पहचान बन गए।

–बालस्वरूप राही

1.

दिल को थामे हुए यों बेक़रार बैठे हैं
ऐसा लगता है कोई दांव हार बैठे हैं

इनसे कह दो के किसी और को जा कर छेड़ें
हमको घेरे हुए जो ग़मगुसार बैठे हैं

एक भी चांद तुम्हें अपने साथ ला न सका
हम तो हर रात की ज़ुल्फ़ें संवार बैठे हैं

तुम न गुज़रोगे इधर से ये सही है लेकिन
तुमने करने को कहा इंतज़ार, बैठे हैं

तुमको बदनाम करें है न हमारी नीयत
एक मदहोशी में तुमको पुकार बैठे हैं

ये ज़रूरी तो नहीं है के कोई राज़ ही हो
आज मौसम है ज़रा ख़ुशगवार, बैठे हैं

एकटक देखे से आंखों में जो आया पानी
सोच लेना न कहीं अश्कबार बैठे हैं

मौत हर रोज़ तक़ाज़ा जो करे वाजिब है
हम भी खाए हुए कब का उधार बैठे हैं

हम तो राही हैं घड़ी–भर में चले जाएंगे
आप भी किन का किए ऐतबार बैठे हैं

2.

हुस्न ये लाजवाब, क्या कहिए,
मात है माहताब, क्या कहिए!

पानी–पानी है फूल नरगिस का,
तेरी आंखों की आब, क्या कहिए!

चंपई शाम पर घटा काली,
तेरे रुख़ पर नक़ाब, क्या कहिए!

तू जो हंस दी तो कौंध कर टूटीं,
बिजलियां बेहिसाब, क्या कहिए!

आंख दम–भर को ठहरती ही नहीं,
तेरा बाग़ी शबाब, क्या कहिए!

मेरा यह आख़िरी गुनाह, तेरा
पहला–पहला सवाब, क्या कहिए!

3.

हुस्न को बेनक़ाब देखा है,
ज्यों खुली आंख ख़्वाब देखा है!

कैसा हैरानगी का आलम है,
फ़र्श पर माहताब देखा है!

आप पहलू बदल के अंगड़ाए,
या कोई इंक़लाब देखा है!

आप दीखे तो ये लगा जैसे
आरज़ू का शबाब देखा है!

चश्मे–नरगिस में लाज के डोरे,
याकि जामे–शराब देखा है!

नाज़ किस बात पर तुझे है गुल,
हमने तेरा जवाब देखा है!

आशियां को क़फ़स समझते हैं,
हम–सा ख़ाना–ख़राब देखा है?

साथ कांटों के जो नहीं राही,
आज ऐसा गुलाब देखा है!

4.

कैसे मुमकिन है सज़ा प्यार की मुझको न मिले
हर सफ़ाई मेरी इल्ज़ाम हुई जाती है

किसने आंगन में खड़े होके ये ज़ुल्फ़ें खोलीं
रोज़े–रोशन है मगर शाम हुई जाती है

ज़िक्र आते ही तेरा देखते सब मेरी तरफ़
तू तो अब मेरी ही हमनाम हुई जाती है

ज़िंदगी हाथ में मेरे थी ज़हर का प्याला
तेरे हाथों में मगर जाम हुई जाती है

सदा ही शूलमय पथ से विहंस मानव गुज़रता है
वहीं पगडंडियां बनतीं जहां वह पांव धरता है

भला साहस कहां यम में मनुज को छेड़ दे आकर
मरे इंसानियत जिस दम तभी इंसान मरता है

लगे जब चोट सीने में हृदय का भान होता है
सहे आघात जो हंसकर वही इंसान होता है

लगाकर कल्पना के पर उड़ा करते सभी नभ पर
शिला से शीश टकराकर मुझे अभिमान होता है

अंधेरा रात–भर जग कर गढ़ा करता नया दिनकर
सदा ही नाश के हाथों नया निर्माण होता है

लचकीली बेलें बिछ–बिछ कर अपना काम चला लेतीं,
तेज़ हवा में गर्दन ताने हुए पेड़ ही ढहते हैं

5.

दिन गुज़रता नहीं गुज़ारे से,
हम भटकते हैं बेसहारे से।

जान हम पर कभी जो देते थे,
बात करते हैं अब इशारे से।

रात मेरी न हो सकी रोशन,
ग़म दहकते रहे अंगारे से।

इन बहारों का क्या करें हमदम,
फूल सुंदर नहीं तुम्हारे से।

जिनको मंझधार से मुहब्बत थी,
लौट आए स्वयं किनारे से।

जान भी दी, दुआ भी देते हैं,
होंगे प्रेमी कहां हमारे से!

ऐसी बिखरी हैं उम्र की ज़ुल्फ़ें,
अब संवरतीं नहीं संवारे से।

रात राही की किस तरह गुज़री,
पूछ लेना किसी सितारे से।

6.

कोई आवाज़ उठाता तो उठाता क्योंकर
लूट के माल में यारों को बड़े हिस्से मिले

चंद हंगामे सही, देश में कुछ तो बदला
गुफ़्तगू के लिए कुछ शाम नए क़िस्से मिले

रंग वो रंग जो मेहंदी की तरह पिस के मिले
नूर वो नूर जो इंसां को हवादिस से मिले

जो बियाबान में खिलकर भी परेशान न था
उससे मिलकर ये लगा आज ही नरगिस से मिले

यों तो कमरे में हरिक चीज़ थी सुख–सुविधा की
सिर्फ़ वो ही वहां मौजूद न था जिससे मिले

ख़ुद से मिलने के लिए वक़्त न निकला राही
यों तो मिलने के लिए रोज़ ही जिस–तिस से मिले

7.

वो मेरी ज़ात से वाबस्ता भी है, ग़ैर भी है,
मुझको मालूम नहीं, मुझमें ग़ज़ल–ख़्वां क्या है?

इश्क़ अपनी ही कोशिशों से सरबलंद हुआ,
कोई इंसाफ़ करे हुस्न का अहसां क्या है?

आंख में और बात, और बात होंठों पर,
कैसे समझूं के तेरे दिल में मेहरबां क्या है?

ख़्वाबे–सहरी है के तौबा है किसी रिन्दी की,
टूट जाए जो हमेशा ही वो पैमां क्या है?

गुल से ज़्यादा तो रुख़े–ख़ार पे आई है चमक,
अब के गुलशन में ये अंदाज़े–बहारां क्या है?

मेरे दिल में ही किनारे की तमन्ना न रही,
वरना सैलाब ये कमज़ोर, ये तूफ़ां क्या है!

नज़रे–सैयाद या बिजली की तड़प है राही,
एक मुद्दत से मेरी शाख़ पे रक़्सां क्या है?

8.

लोग कहते हैं कि वो मुझ पे मेहरबान हैं फिर,
उनके होंठों पे मेरा नाम, ख़ुदा ख़ैर करे!

फिर रंगे हाथ मुझे दर्द ने आ पकड़ा है,
फिर मुहब्बत का है इलज़ाम, ख़ुदा ख़ैर करे!

जो मुझे देखकर नज़रों को चुरा लेते थे,
उनकी आंखों में है पैग़ाम, ख़ुदा ख़ैर करे!

जाने क्या सोच के उस बुत ने उलट दी है नक़ाब,
और फिर वो भी सरे–बाम, ख़ुदा ख़ैर करे!

यों तो पहले भी कई दोस्त दग़ा देते थे,
अब तो ये बात हुई आम, ख़ुदा ख़ैर करे!

9.

जाने किस वक़्त शाम हो जाए,
ये कहानी तमाम हो जाए!

हम फ़कीरों का क्या ठिकाना है,
जाने किस घर क़याम हो जाए!

कोई आज़ाद किस तरह से रहे,
जब के दाना ही दाम हो जाए।

प्यार की बात कर सको न अगर,
दोस्ताना कलाम हो जाए।

दावते–वस्ल दो न तुम चाहे,
दूर से ही सलाम हो जाए।

मज़हबे–इश्क़ ही निराला है,
जो भी चाहे इमाम हो जाए।

गर इरादों में ज़ोर हो राही,
फ़र्श चाहे तो बाम हो जाए।

10.

हर महक़दार फूल क़ैदी है
मुक्त इस्पात है, जहां मैं हूं

कीच है, बेहिसाब काई है
पर न जलजात है, जहां मैं हूं

लोग खुलते हुए झिझकते हैं
प्यार अज्ञात है, जहां मैं हूं

दरपनों से नज़र चुराते सब
झूठ हर बात है, जहां मैं हूं

सिलवटी ओंठ तक नहीं आता
गीत अभिजात है, जहां मैं हूं

11.

इस तरह हार के हिम्मत न कोई जीता है,
हारनी ही है अगर जान की बाज़ी हारो!

जिसको पढ़कर ये लगे लोग अभी ज़िंदा हैं,
कोई तो ऐसी ख़बर लाओ कभी अख़बारो!

पांव में घुंघरू किसी के, कोई गिरवी है क़लम,
शख़्स दो–एक कहीं, बख़्श भी दो बाज़ारो!

हर तरफ़ शोर है अस्मत न लुटे कोई कहीं,
कितनी दीवारों के मुंह काले करोगे नारो!

लोग शरमाएं इसे अपना वतन कहने में,
ऐसी ख़िदमत न करो क़ौम के ख़िदमतगारो!

इस इमारत में रहेंगी कई पुश्तें राही,
रेत इतनी न भरो नींव में ठेकेदारो!

12.

जो जलूसों को साथ लाए हैं
सुर्ख़ियों में वही समाए हैं

राहगीरों की बात मत पूछो
वो तो दिन–रात पिसते आए हैं

वक़्त ने छीनकर सभी फुरसत
कुछ खिलौने हमें थमाए हैं

संत को लोग ठग समझते हैं
आप धूनी कहां रमाए हैं

क्या हुआ ख़ुद से दुश्मनी गर की
हमने कुछ दोस्त तो कमाए हैं

अपनी पाकीज़गी दिखाने को
लोग अब ख़ून से नहाए हैं

ढूंढ़िए आग भी कहीं होगी
चंद चेहरे जो तमतमाए हैं

ज़ख़्म कब तक खुले रखेंगे हम
आप अब तक नमक छिपाए हैं

ढूंढ़ जिसकी मची है शहरों में
लोग गांवों में छोड़ आए हैं

इन अंधेरों से पूछना राही
हम भी कुछ रोज़ टिमटिमाए हैं

13.

जब से आज़ादी की ज़िद दिल में है ठानी हमने
ख़ाक सड़कों की बड़े शौक़ से छानी हमने

ख़्वाब जितने भी थे दम तोड़ दिया सबने ही
फिर भी मरने न दिया आंख का पानी हमने

वक़्त काटे से न कटता था मगर मस्त रहे
सीख ली ख़ुद को ग़ज़ल ख़ुद ही सुनानी हमने

जिस जगह सिर को झुकाना था वहां और तने
दुश्मनी ख़ुद से निकाली है पुरानी हमने

अब वहां पांव भी रखने नहीं देते हैं रक़ीब
जिस मुहल्ले में गला दी है जवानी हमने

अपनी शर्तों पे कोई चीज़ न मिल पाई जब
छोड़ दी तब से कोई शर्त लगानी हमने

जो बिना ग़र्ज़ के कुछ हाथ पे रख दे चुपचाप
आज तक ऐसा तो देखा नहीं दानी हमने

ये ग़ज़ल कह के कई बार है सोचा राही
क्यों सुनाई भला बहरों को कहानी हमने

14.

कोई वादा कोई क़सम तो नहीं
आंख फिर भी हमारी नम तो नहीं

जितनी ओछी हैं आपकी ख़ुशियां
उतने बेकार अपने ग़म तो नहीं

जिनके हिस्से में क़हक़हे आए
उनकी तक़दीर में क़लम तो नहीं

क्यों महाजन की आंख है हम पर
हम कोई सूद की रक़म तो नहीं

ज़ुल्म के सामने रहें ख़ामोश
और होंगे वो लोग हम तो नहीं

जो भी पाया है खो के पाया है
इसमें कुछ आपका करम तो नहीं

जिनकी तलवार है ज़हर डूबी
उनके बाज़ू में ख़ास दम तो नहीं

अपने अहसान से बरी रक्खा
यह भी अहसान हम पे कम तो नहीं

जिनकी राहों में ख़ार हैं राही
उनकी राहों में पेचो–ख़म तो नहीं

15.

किस महूरत में दिन निकलता है
शाम तक सिर्फ़ हाथ मलता है

वक़्त की दिल्लगी के बारे में
सोचता हूं तो दिल दहलता है

दोस्तों ने जिसे डुबाया हो
वो ज़रा देर से संभलता है

हमने बौनों की जेब में देखी
नाम जिस चीज़ का सफलता है

तन बदलती थी आत्मा पहले
आजकल तन उसे बदलता है

एक धागे का साथ देने को
मोम का रोम–रोम जलता है

काम चाहे ज़ेहन से चलता हो
नाम दीवानगी से चलता है

उसका कुछ तो इलाज करवाओ
उसके व्यवहार में सरलता है

सिर्फ़ दो–चार सुख उठाने को
आदमी बारहा फिसलता है

याद आते हैं शेर राही के
दर्द जब शायरी में ढलता है।

16.

डूबने वालों की फ़ेहरिस्त में भी नाम न हो
मेरे जैसा किसी तैराक का अंजाम न हो

उस गिरफ़्तार की कैसे हो वकालत आख़िर
जिसके सर पर कोई तोहमत, कोई इलज़ाम न हो

कोई पहुंचा दे मेरी आख़िरी ख़्वाहिश उन तक
जो मेरे साथ हुआ उसका चलन आम न हो

बस इसी शक के सहारे हूं सलामत अब तक
मैं ज़हर जिसको समझ बैठा कहीं जाम न हो

हाय! यह तक न कहा मैंने कि ब्रूटस, तुम भी
मेरे दिल में ये रहा दोस्ती बदनाम न हो

मैंने उफ़ तक भी न की ज़ुल्म जो हद से गुज़रा
सोचकर ये कि कहीं यह भी तेरा काम न हो

बैठकर देर तलक सुनता रहा ख़ामोशी
इस इरादे से कि इसमें तेरा पैग़ाम न हो

रोशनी–रोशनी चिल्लाओगे तुम, याद रखो
कैसे मुमकिन है कि सूरज हो ज़िबह, शाम न हो

वो मुझे देखकर कह दें कि कहीं देखा है
हो अगर ये भी तमाशा तो सरे–आम न हो

लोग कहते हैं दवा से है बड़ी चीज़ दुआ
क्या करे कोई दुआ से भी जो आराम न हो

17.

हम पर दुख का परबत टूटा तब हमने दो–चार कहे
उस पे भला क्या बीती होगी जिसने शेर हज़ार कहे

हमें ज़रा बनवास काटना पड़ा अगर कुछ दिन तो क्या
उसकी सोचो जो जंगल को ही अपना घर–बार कहे

सीधे–सच्चे लोगों के दम पर ही दुनिया चलती है
हम कैसे इस बात की मानें, कहने को संसार कहे

अपना–अपना माल सजाए सब बाज़ार में आ बैठे
कोई इसे कहे मजबूरी, कोई कारोबार कहे

लूटमार में सबका यारो एक बराबर हिस्सा है
कोई किसको चोर कहे तो किसको चौकीदार कहे

अब किसके आगे हम अपना दुखड़ा रोएं, छोड़ो यार
एक बात को आख़िर कोई बोलो कितनी बार कहे

ढूंढ़ रहे हो गांव–गांव में जाकर किस सच्चाई को
सच तो सिर्फ़ वही होता है जो दिल्ली दरबार कहे

ढोल पीटता फिरता था जो गली–गली में वादों का
इतना हाहाकार मचा है कुछ तो आख़िरकार कहे

लैला की उल्फ़त का सौदा नामुमकिन है दोस्त मगर
एक बार फिर तो दुहराना–कितने थे दीनार कहे

जिनकी आंखों में ग़ैरत थी वे कब के बेनूर हुए
उसकी ख़ुद्दारी क्या देखें जो ख़ुद को ख़ुद्दार कहे

शेर वही हैं शेर जो राही लिखे ख़ून या आंसू से
बाक़ी तो सब अल्लम–ग़ल्लम कहे मगर बेकार कहे

18.

और किस चीज़ की मुझको है ज़रूरत, छोड़ो
सांस लेने के लिए कोई तो सूरत छोड़ो

कम से कम रिश्तए–नफ़रत तो निभाओ यारो
हो चुकी ख़त्म तकल्लुफ़ की मुहब्बत, छोड़ो

आप आएंगे मेरा चाक गरेबां सीने
जाने कब इसका भी निकलेगा महूरत, छोड़ो

ये वो साज़िश है सभी लोग हैं शामिल जिसमें
अब कहां किससे करें किसकी शिकायत, छोड़ो

कल गिरफ़्तार कराया था मुझे जिसने ख़ुद
आज आया है वही देने ज़मानत, छोड़ो

मैंने माना कि सभी लोग बिकाऊ हैं मगर
आजकल क्या है किसी शख़्स की क़ीमत, छोड़ो

मेज़ मुक्के से अगर तोड़ भी दी तो क्या हुआ
किसका इंसाफ़ करेगी ये बग़ावत, छोड़ो

इसको ओढ़ूं कि बिछाऊं कि बनाऊं तकिया
ख़ाक आएगी मेरे काम नसीहत, छोड़ो

देख ली तुमने ज़माने की निगाहें राही
अब तो दिन–रात तड़पने की ये आदत छोड़ो

19.

ख़ुदकुशी का बेखुदी तक में ख़याल आता रहा
पर कभी कोई, कभी कोई सवाल आता रहा

कोई पछतावा नहीं अपने गुनाहों पर मुझे
अपनी नेकी पर मगर अकसर मलाल आता रहा

ज़िक्र था गुस्ताख़ लोगों को मिली क्या–क्या सज़ा
नाम मेरा बारहा बनकर मिसाल आता रहा

दिन दहाड़े काम कुछ ऐसे ग़लत होते रहे
रात–भर झीलों के पानी में उबाल आता रहा

हमसफ़र, हमराज़, हमदम, जाने किस–किस भेस में
दिल की दौलत लूटने वो बाकमाल आता रहा

फूंक घर वो तो कभी का आ चुका बाज़ार में
पास उसके भी मगर उनका दलाल आता रहा

एक दिन दिल टूटता क़िस्सा निबट जाता मगर
उम्र के हर मोड़ पर वो दिन वो साल आता रहा

उस तरफ़ दीवार के उस पार कैसा जश्न था
इस तरफ़ उड़कर हवाओं में गुलाल आता रहा

20.

कोई सदमा नया उठाने को
हम ज़रा देर को संभलते हैं

छेड़ पाता है कौन कांटों को
फूल को ही सभी मसलते हैं

अपनी पगडंडियां बनाने को
सब हरी दूब को कुचलते हैं

भाग लेना हो जैसे मातम में
घर से हर रोज़ यों निकलते हैं

जिनके सपनों में आग होती है
रात–भर करवटें बदलते हैं

इंद्रधनु की तलाश में राही
तितलियां देखकर बहलते हैं

21.

हमने माना कि ये चोरों का नगर है यारो
उनसे ज़्यादा तो निगहबान का डर है यारो

मौत भी मुझ को यहां से न उठा पाएगी
इस गली में मेरे महबूब का घर है यारो

कम से कम चंद चिराग़ों को जला रहने दो
ये सदी एक अंधेरे का सफ़र है यारो

मिल गया भीख में भूखे को निवाला लेकिन
उसपे चीलों की शुरू से ही नज़र है यारो

इसको इतिहास की पुस्तक में छिपाकर रख दो
आदमीयत तो किसी मोर का पर है यारो

जो गुज़रता हो गुनाहों से बचाकर दामन
इस ज़माने में कहां उसकी गुज़र है यारो

देख लेना ये अंधेरा भी साथ छोड़ेगा
हिज्र की रात का ये पिछला पहर है यारो

कैसे काग़ज़ हैं जो गलते हैं न तर होते हैं
एक मुद्दत से खिंची इन पे नहर है यारो

चार दिन छोड़ के देखें तो सही सिंहासन
जिनका दावा है कि मुट्ठी में शहर है यारो

जो उठा लेगी तुम्हें गोद में बच्चे की तरह
इस भंवर में ही कहीं वह भी लहर है यारो

जिसके सपनों ने जवानी में ही दम तोड़ दिया
उसके गीतों की बड़ी लंबी उमर है यारो

इतनी कड़वी तो न थी पहले ग़ज़ल राही की
बात कुछ भी न सही कुछ तो मगर है यारो

22.

गर न ये क़िस्से संभाले जाएंगे
पुस्तकों तक में हवाले जाएंगे

हो गए हैं सब अंधेरे की तरफ़
अब कहां बचकर उजाले जाएंगे

बुद्धिजीवी फिर इकट्ठे हो गए
फिर ज़रूरी प्रश्न टाले जाएंगे

जिनकी कोशिश है कि कुछ बेहतर करें
नाम उनके ही उछाले जाएंगे

आंकड़े उनको पढ़ेंगे बैठकर
लोग कंप्यूटर में डाले जाएंगे

यंत्रमानव में बदल दें जो हमें
सब उन्हीं सांचों में ढाले जाएंगे

बेज़ुबानी का ज़माना आ गया
अब यहां ख़रगोश पाले जाएंगे

ये शहर दोज़ख़ सही, पर देखना
हम यहां से भी निकाले जाएंगे

मिल गया राही सचाई का सिला
पेट में सूखे निवाले जाएंगे

23.

जहां शमा की जगह दिल जलाए जाते हैं
बड़े अदब से वहां हम बुलाए जाते हैं

वो और होंगे तरन्नुम से गाए जाते हैं
हमारे शेर तो बस गुनगुनाए जाते हैं

ये जिनका काम था लाएं बहार बस्ती में
वो लोग रोज़ नए गुल खिलाए जाते हैं

वहां है शोर कि आया है इंक़लाब हरा
जहां किसान भी भूखे सुलाए जाते हैं

उन्हें जुलूस के जलवों में कुछ नहीं मिलता
जो लोग आते नहीं सिर्फ़ लाए जाते हैं

ये क्या वजह है कोई दूसरा नहीं मिलता
जो आज़माए हुए आज़माए जाते हैं

बिकाऊ हो कि न हो चीज़ उनको क्या मतलब
वो आंख मीच कर बोली लगाए जाते हैं

चिराग़ कितने बुझे ये हिसाब कौन करे
यहां तो चांद–सितारे बुझाए जाते हैं

जो अपनी जान हथेली पे रख के सच बोलें
वो लोग सिर्फ़ फ़सानों में पाए जाते हैं

24.

अपनी हस्ती के सबूतों को मिटाने के लिए
याद करता हूं तुझे ख़ुद को भुलाने के लिए

मैं उसे ख़ुद भी समझ बैठा हूं अपना चेहरा
मैंने ओढ़ा था मुखौटा जो ज़माने के लिए

याद आते हैं वो दिन चैक के बदले में जब
शेर होते थे मेरे पास भुनाने के लिए

दिल में रहती है अगर दुख की तपिश रहने दे
ये वो शम्मअ है जो मिलती है जलाने के लिए

आप बेकार छिपाए हैं रगों में अपनी
ख़ून की उनको ज़रूरत है नहाने के लिए

अब रफ़ूगर ने ये फ़रमान किया है जारी
सब चले आएं गरेबान सिलाने के लिए

नींद उड़ती रही भटके हुए पक्षी की तरह
लोरियां गाती रही रात सुलाने के लिए

राहबर हो कि हो रहज़न मुझे डर किस का है
अब बचा क्या है मेरे पास बचाने के लिए

क्यों भंवर देख के पतवार किसी की कांपे
एक झूला है ये कश्ती को झुलाने के लिए

उनको फ़ुरसत न तमाशों से मिल सकी राही
लेके आए थे ग़ज़ल जिनको सुनाने के लिए

25.

सवाल ये न सही क़ाफ़िलों पे क्या गुज़री
सवाल ये तो है ख़ुद राहबर कहां पहुंचे

उजड़ के अब के बसे तो न जाने क्यों ये लगा
किसी मकान में आए हैं, घर कहां पहुंचे

करोड़ों साल से गर्दिश में चांद तारे हैं
बिना नसीब के कोई मगर कहां पहुंचे

उदास हैं तो यही सोच कर, ख़ुदा जाने
हमें डुबा के ये पागल लहर कहां पहुंचे

ये सो सका तो नहीं पर इसे जगा तो दो
न जाने नींद में चलता शहर कहां पहुंचे

दिलो–दिमाग़ को अपने संभालना राही
ये उनका ज़िक्र है जाने असर कहां पहुंचे

26.

इतना बुरा तो तेरा भी अंजाम नहीं है
सूरज जो सवेरे था वही शाम नहीं है

पहचान अगर बन न सकी तेरी तो क्या ग़म
कितने ही सितारों का कोई नाम नहीं है

आकाश भी धरती की तरह घूम रहा है
दुनिया में किसी चीज़ को आराम नहीं है

पीने को मिले मय तो तकल्लुफ़ है कहां का
पी ओक से क़िस्मत में अगर जाम नहीं है

मत सोच कि क्या तूने दिया तुझको मिला क्या
शायर है जमा–ख़र्च तेरा काम नहीं है

ये शुक्र मना इतना तो इंसाफ़ हुआ है
तुझ पर ही तेरे क़त्ल का इलज़ाम नहीं है

माना वो मेहरबान है सुनता है सभी की
मत भूल कि उसका भी करम आम नहीं है

उठने दे जो उठता है धुआं दिल की गली से
बस्ती वो कहां है जहां कोहराम नहीं है

टपकेगा रुबाई से तेरी ख़ून या आंसू
राही है तेरा नाम तू ख़ैयाम नहीं है

27.

कर दें चाहे नामंज़ूर
सुन तो लें फ़रियाद, हज़ूर

रोटी सेक रहा है कौन
सारा शहर बना तंदूर

लपटों में लिपटा हर दृश्य
आंखें धुआं–धुआं बेनूर

पन्ना–पन्ना लहूलुहान
अख़बारों को रखना दूर

झूठ कि जैसे तानाशाह
सच जैसे बंधुआ मज़दूर

इसका कोई नहीं इलाज
स्वाभिमान ऐसा नासूर

आसमान पर चढ़ा दिमाग़
दिल का शीशा चकनाचूर

साबित हो न भले ही जुर्म
मगर मिलेगी सज़ा ज़रूर

सुबह–शाम इतना अपमान
वह भी यारो बिना क़सूर

ख़ूब हुआ भैया मतदान
कितने गांव हुए मशहूर

आख़िर वो हैं नए अमीर
कुछ तो होगा उन्हें ग़रूर

सबके दिल में भारी ख़ौफ़
सब कितने बेबस, मजबूर

राही को समझाए कौन
कविताई है सिर्फ़ फ़ितूर

28.

क्या मिला आख़िर जलाकर आशियां
राख होकर रह गईं ख़ुद बिजलियां

इक सुलगता शेर पढ़कर देखिए
आग बन जाएंगी ये ख़ामोशियां

जब भी उड़ने का जनूं पैदा हुआ
फूल तब–तब बन गए हैं तितलियां

हम भी हैं माने हुए हाज़िरजवाब
ज़िंदगी है गर निरंतर इम्तिहां

हाथ में राही लकीरें ही नहीं
इतना दम भी है बदल दें दोजहां

29.

किस युग में सच के हिमायती छलनी–छलनी नहीं हुए
लेकिन इतना दम किसमें है जो सच का संहार करे

कई दिनों से सोच रहा हूं लेकिन शब्द नहीं मिलता
हत्या उसे कहें तो कैसे जो ख़ुद पहरेदार करे

सोचो तो कितनी सदियों का तन नीला पड़ जाता है
सही–ग़लत का निर्णय जिस क्षण ज़हर–बुझी तलवार करे

ऐसा घाव न भर सकता हो जिसे समय का मरहम भी
बड़े मज़े से भर जाता है प्यार अगर उपचार करे

दुनिया क्या है, एक कंटीला ऊबड़–खाबड़ जंगल है
उस बहार के हाथ न काटो जो इसको गुलज़ार करे

वैसे तो हर आंख देखती तरह–तरह के स्वप्न मगर
सपने का हक़दार वही है जो उसको साकार करे

30.

झूठ की हार हो चुकी है तय
और कुछ रोज़ टल गई होगी

मदिरालय की मेज़ों पर
सौदे गंगाजल के हैं

नई सुबह के क्या कहने
ठेकेदार धुंधलके हैं

जो आधे में छूटी हम
मिसरे उसी ग़ज़ल के हैं

रेत भरी है आंखों में
सपने ताजमहल के हैं

सुने आपकी राही कौन
आप भला किस दल के हैं

31.

ये महके जिस्म, बहके दिल, बड़ी रंगत के दिन आए
हमारे दिन गए दुनिया में तब जन्नत के दिन आए

किसी महफ़िल, किसी जलवे, किसी बुत से नहीं नाता
पड़े हैं एक कोने में अजब फ़ुर्सत के दिन आए

हमें परहेज़ की बारीकियां समझाई जाती हैं
कि जब रंगीन शामों में खुली दावत के दिन आए

हमारे वक़्त में तो क़ैद थी तन्हाइयों पर भी
मगर अब तो सरे–बाज़ार हर जुर्रत के दिन आए

हमारा कनखियों से देखना भी नामुनासिब है
हमारे वास्ते तो बेवजह तोहमत के दिन आए

ये क्या क़िस्सा है जब अरमान दुनिया के निकलते हैं
हमारे वास्ते ही किसलिए हसरत के दिन आए

बुज़ुर्गों में हमारा नाम भी शामिल हुआ शायद
बड़ी बदनामियों के साथ ये शोहरत के दिन आए

खुले गेसू, खुले कंधे, खुली बांहें, खिले चेहरे
समंदर की हवा–सी बेझिझक चाहत के दिन आए

चलो राही पुराने दोस्तों के पास हो आएं
तसल्ली दिल की कुछ तो हो बड़ी आफ़त के दिन आए

32.

फ़ुर्सत है कहां आपके बाग़ात में टहलूं
मैं अपने उजड़ने का समां देख रहा हूं

मालूम है तक़रीर लिखा लाए हैं किससे
मैं उनका ज़रा तर्ज़े–बयां देख रहा हूं

जो मैंने ख़रीदा था कभी बेच के ख़ुद को
नीलाम में बिकता वो मकां देख रहा हूं

तू ढूंढ़ रही होगी कहां मुझको क़यामत
मैं कब से तेरी राह यहां देख रहा हूं

टोका जो उन्होंने कि कहो देख ली दुनिया
मैंने भी कहा हंस के कि हां देख रहा हूं

बूढ़ी हुई उम्मीद तो क्या, फिर भी लड़ूंगा
मैं अपने इरादे को जवां देख रहा हूं

33.

जो बात मेरे कान में ख़्वाबों ने कही है
वो बात हमेशा ही ग़लत हो के रही है

जो चाहो लिखो नाम मेरे सब है मुनासिब
उनकी ही अदालत है यहां जिनकी बही है

टपका जो लहू पांव से मेरे तो वो चीख़े
कल जेल से भागा था जो मुजरिम वो यही है

वो चाहे मेरी जीभ मेरे हाथ पे रख दें
मैं फिर भी कहूंगा कि सही बात सही है

इक दोस्त से मिलने के लिए कब से खड़ा हूं
कूचा भी वही, घर भी वही, दर भी वही है

34.

फेंक दो खाई, ख़ंदक, कुएं में मुझे
इन पहाड़ों को मेरी ज़रूरत नहीं

सच को सच झूठ को झूठ कहना पड़ा
शायरी शायरी है सियासत नहीं

भीड़ में कम से कम मुझको पहचान लें
आपके पास इतनी भी फ़ुरसत नहीं

मिल रहा है वफ़ादारियों का सिला
बेसबब दोस्तों की अदावत नहीं

कोई ग़लती से मेरा पता लिख गया
नाम मेरे बहारों का ये ख़त नहीं

सिर उठा के ज़रा तेज़ चलता हूं मैं
और तो राही मुझमें बुरी लत नहीं

35.

रह गए टंग के वो बाज़ार में नारों की तरह
अपने आदर्शों को झंडे–सा उठाया हमने

हम बिकाऊ तो नहीं ज़ोर से कहकर राही
अपनी क़ीमत को ज़रा और चढ़ाया हमने

36

हर अंधेरे की आंख में खटके
वो जो रोशन चिराग़ झिलमिल थे

ज़िंदगी भर वो सर उठा न सके
लोग जो बंदगी के क़ाबिल थे

मेरे चेहरे पे गर्द है उनकी
जिन जुलूसों में आप शामिल थे

अपने सीने टटोलकर देखें
लोग कहते हैं इस जगह दिल थे

वो जो इंसानियत के क़ातिल थे
दरहक़ीक़त वो कितने बुज़दिल थे

युद्ध जब भी ठना यही पाया
दोस्त–अहबाब ही मुक़ाबिल थे

चंद ग़ज़लों ने उनको बांट लिया
दर्द जो ज़िंदगी का हासिल थे

37.

लोग करते हैं सिफ़ारिश की गुज़ारिश हम से
जब से ये आपने माना कि मुलाक़ात तो है

हम संवारेंगे इसे यों कि सुबह रश्क करे
अपनी क़िस्मत में चलो दिन न सही रात तो है

आपकी क्रूर सियासत से हमें क्या लेना
हम फ़क़ीरों के लिए प्यार की सौग़ात तो है

चूमने के लिए ज़ंजीर मचल उठती है
अपने पांवों में कोई ख़ास करामात तो है

38.

सुना तो ये था अंधेरा मिला चिराग़ तले
मगर यहां तो अंधेरे चिराग़ से निकले

मशाल ले के जो निकले थे रोशनी करने
उन्हीं की आग से कितने दिलो–दिमाग़ जले

बुझी–बुझी–सी परेशान रोशनी है यों
किसी ग़रीब के आंगन में जैसे शाम ढले

जो दल बदल के ख़ज़ाना मिला तो ख़ाक मिला
समय की मांग तो ये है किसी का दिल बदले

नई सदी ने बड़े शौक़ से दस्तक दी है
चलो लगा लें उसे हम भी मुस्करा के गले

मज़ा तो तब है जुलूसों को छोड़कर राही
कोई क़दम–दो–क़दम दोस्तों के साथ चले

डूब मरने के कई मौक़े दिए दुनिया ने
हम उभर आए सतह पर बड़े हलके निकले

दूर से नूर के निर्झर जो नज़र आते थे
उनको नज़दीक से देखा तो धुंधलके निकले

उसके सारे ही मुखौटे सभी पहचान चुके
उसको लाज़िम है नया भेस बदल के निकले

ये तो बाज़ार है बेचो या ख़रीदो कुछ भी
हम छिपाए हुए ईमान संभल के निकले

जिनको सुनकर कई उस्ताद परेशान हुए
हां वही शेर मेरी ख़ास ग़ज़ल के निकले

किस क़दर शौक़ से पहुंचे थे वहां राही जी
वो भी तेरा ही था दरबार दहल के निकले

39.

सज़ा का जुर्म से रिश्ता कोई नहीं होता
गिराए बर्क़ कहां, आसमां की मर्ज़ी है

बनाओ कोई भी मंज़िल, कोई भी राह चुनो
पटक के चल दे किधर कारवां की मर्ज़ी है

जो तेरी पीठ पे कोड़े पड़े हैं बरसों तक
ज़रूर ये भी किसी मेहरबां की मर्ज़ी है

कटोरा ले के जो बचपन सड़क पे जा बैठा
किया उन्होंने ये ऐलान–मां की मर्ज़ी है

40.

दिल धड़कता है बुके लेकर कहीं जाते हुए
किस तरह देखेगा कोई फूल मुरझाते हुए

फूल आख़िर फूल हैं, ख़ुशबू गई कुम्हला गए
आदमी अच्छाइयां खोता है इतराते हुए

कमसिनी में भोजपत्रों–से लगा करते थे दिन
हम सयाने क्या हुए सब दिन बहीखाते हुए

रात–भर करवट बदलना तब से रास आने लगा
जब से पाया शायरी को माथ सहलाते हुए

चाहिए अब और किसकी दाद राही छोड़िए
सुन चुका हूं मैं उसे अपनी ग़ज़ल गाते हुए

41.

इसलिए मुझको डराते हैं भंवर
मैं नहीं डूबा कहीं पूरी तरह

आपदाएं गीत में ढलने लगीं
जब ज़रा मैंने सहीं पूरी तरह

बख़्शता है इश्क़ जलवे हुस्न को
कौन होता है हसीं पूरी तरह

जान तक कर दी उसी के नाम पर
कब हुआ उसको यक़ीं पूरी तरह

किस तरह उसकी तमन्ना छोड़ दूं
कब कहा उसने–'नहीं', पूरी तरह

रख कहीं बुनियाद काफ़ी सोचकर
ठोस कब होती ज़मीं पूरी तरह

जिस जगह राही अंधेरा ख़ास था
चांदनी चमकी वहीं पूरी तरह

42.

तड़क–भड़क संतों की ऐसी
दुनियादार देख शरमाए

माल लूट का सबने बांटा
हम ही पड़े रहे अलसाए

न पाठक, न श्रोता, न कोई प्रकाशक
वो पन्ने पे पन्ने भरे जा रहे हैं

43.

सात सागर पार की ऊंची दुकां के हो गए
इस जहां में जन्म लेकर उस जहां के हो गए

फूल–पत्ती, आबो–दाना, आशियाना छोड़कर
पर निकलते ही परिंदे आसमां के हो गए

चोंच में तिनका दबाए मां तड़पती रह गई
लौटकर आए कहां वे जो वहां के हो गए

जिनका दावा था तलाशेंगे नई मंज़िल कोई
वे भी कितनी तेज़ चलकर कारवां के हो गए

44.

वक़्त का आख़िरी फ़रमान अभी बाक़ी है
मेरे अंजाम का ऐलान अभी बाक़ी है

आप हमदर्दी से क्यों मार रहे हैं मुझको
क्या मेरे जिस्म में कुछ जान अभी बाक़ी है

बेचकर ख़ुद को कई क़र्ज़ चुकाए तो सही
पर ख़रीदार का अहसान अभी बाक़ी है

हथकड़ी लेके किसे ढूंढ रहे हैं सब लोग
क्या शहर में कोई इंसान अभी बाक़ी है

दस्तख़त जिनको कराने हैं ज़रा सब्र करें
घर में कुछ रोज़ का सामान अभी बाक़ी है

एक चेहरा है जो ख़्वाबों में नज़र आता है
उसके दीदार का अरमान अभी बाक़ी है

मैं भी शायर था कभी याद दिलाने के लिए
एक टूटा–सा क़लमदान अभी बाक़ी है

किस तरह मुझको मिटाएंगे मिटाने वाले
एक अपना भी निगहबान अभी बाक़ी है

कट गई उम्र मगर कट न सकी जो राही
मेरे सीने पे वो चट्टान अभी बाक़ी है

45.

मुझको मालूम है औक़ात है मेरी कितनी
ये ज़रूरी तो नहीं रोज़ बताई जाए

दिल तो इक फूल है, हालात हैं बिजली जैसे
किस तरह दोनों की तासीर मिलाई जाए

होश जब से है संभाला है यही हैरानी
कैसे तदबीर से तक़दीर मिटाई जाए

लोग चालाक हैं, बेख़ौफ़ क़सम खाते हैं
उनको किस चीज़ की सौगंध दिलाई जाए

देखते–देखते इंसान बदल जाता है
किसकी तस्वीर भला घर में सजाई जाए

जो बिकेगा वो बचेगा, जो यही होना है
कुछ तो ईमान की क़ीमत भी बढ़ाई जाए

दोस्ती है तो छिपा लो उसे दिल में चाहे
दुश्मनी हो तो ज़रा खुल के जताई जाए

रोज़ ऊंचाई बढ़ा देते हैं इसकी बिल्डर
किस तरह ज़ुल्म की दीवार गिराई जाए

जिसका हर लफ़्ज़ है शायर के जिगर का टुकड़ा
वो ग़ज़ल जा के कहां किसको सुनाई जाए

46.

तुझ को देखा तो ज़िन्दगी देखी
चलती–फिरती हुई ख़ुशी देखी

फूल खिलता हुआ झिझक जाए
मैंने तुझ में वो ताज़गी देखी

तेरी महफ़िल में देखने को मिली
कहकशां में जो दिलकशी देखी

तेरे चेहरे पे चांदनी–सी चमक
कल जो देखी थी आज भी देखी

दे न पाया तू वक़्त ज़्यादा पर
मैं ने लम्हात में सदी देखी

हर तकल्लुफ़ फ़ज़ूल लगता है
जब से तेरी ये सादगी देखी

सोच बिल्कुल बदल गई यारो
जब से राही की शायरी देखी

47.

जीवन में इक साथ ज़रूरी है
किसी मीत का हाथ ज़रूरी है

छन्द लिखो या मुक्तछन्द लेकिन
हर कविता में बात ज़रूरी है

नेताओं की सोच बदलने को
कोई झंझावात ज़रूरी है

अपनों को कुछ भी दे डालो पर
भावों की सौग़ात ज़रूरी है

नई सुबह जो ले आए राही
ऐसी कोई रात ज़रूरी है

48.

जब भी बेहद बढ़ी परेशानी
सूखे पौधों को दे दिया पानी

तेरी मजबूरियां समझता हूं
मुझ को होती नहीं है हैरानी

छोड़ तुझ को किसे मैं अपनाऊं
कोई दूजा नहीं तेरा सानी

हम तो मासूमियत समझते हैं
लोग कहते हैं जिस को नादानी

भोला बचपन भी हो गया चालाक
जब हक़ीक़त समाज की जानी

आप ही को बहुत मुबारक हो
ये बिना बात की मेहरबानी

जो बताते महात्मा ख़ुद को
असली सूरत है जानी–पहचानी

दोस्त क्योंकर ख़फ़ा हैं मन ही मन
मैंने कब की किसी से मनमानी

इस को शेरों में ढाल दो राही
बेशक़ीमत है आंख का पानी

मेरे सारे सवाल दिल से हैं
उस के सारे जवाब मनमाने

जाने ख़ुद को वो क्या समझता है
चल के आया है मुझ को समझाने

उस के कूचे की ख़ाक छानी है
उस की नीयत को ख़ाक पहचाने

रोशनी जिस की जानलेवा है
हम भी हैं उस शमा के परवाने

मेरे चेहरे पे छप गए आख़िर
मेरी नाकामियों के अफ़साने

हाथ किस से मिलाएं यार यहां
हमनशीं हो गए हैं बेगाने

उन के दम से ही सारी रौनक़ है
लोग कहते हैं जिन को दीवाने

49.

कैसे अपनाऊं मैं सुरीलापन
हाथ में क़लम है, सितार नहीं

अपनी बुनियाद मैं रखूं तो कहां
कुछ भी दुनिया में पायदार नहीं

क्यों बुलाते हो शाही महफ़िल में
कह चुका कितनी बार–यार नहीं

आप भी खो गए कहां राही
अब ग़ज़ल प्यार का ख़ुमार नहीं

50.

कह दिया मैंने कि गर्दन दुख रही
जब कहा हालात ने–आ, सर झुका

सुन के मेरा शेर उस ने दाद दी
मुंह से निकला मेरे सहसा–याख़ुदा

उस का चेहरा अधढंका था ज़ुल्फ़ से
फूल उस को देख कर आधा खिला

मुद्दतों से अपना मुंह देखा न था
दोस्तों ने आइना दिखला दिया

51.

शौक़ है गर तो शैक़िया ही लिखो
हर ग़ज़ल तो अमर नहीं होती

बात दिल से अगर निकलती है
शायरी बेअसर नहीं होती

रोशनी झांकती तो है घर में
कैसे कह दें सहर नहीं होती

ज़िन्दगी मुख़्तसर तो होती है
इतनी भी मुख़्तसर नहीं होती

बेचना या ख़रीदना है मना
शयरी मालो–ज़र नहीं होती

उस पे चलने का क्या मज़ा राही
राह जो पुरख़तर नहीं होती

52.

वो जगह सिर्फ़ बियाबां है जहां तू ही नहीं
तेरी जैसी तो किसी फूल में ख़ुशबू ही नहीं

ज़िक्र तेरा न मिला उस में तो यारों ने कहा–
है तो दिलचस्प मगर शेर में जादू ही नहीं

मेरे क़ाबू में तो आ जाता है अक्सर ये दिमाग़
क्या करूं दिल पे मगर थोड़ा भी क़ाबू ही नहीं

जब भी देखो ये तेरी ओर उठे जाते हैं
मेरे कहने में मेरे यार ये बाज़ू ही नहीं

53.

तुझ पर मेरे अस्तित्व का दारोमदार है
अख़बार–सा हूं मैं, तू मेरा इश्तिहार है

तस्वीर तेरी दिल पे मेरे छप गई है यों
जैसे हमारा प्यार कोई समाचार है

जब भी ज़रा क़रीब से देखा है नूरे–हुस्न
लगता है आस–पास ही परवरदिगार है

मैं ने इसी के दम से कमाई है शाइरी
है इश्क़ शुग़ल सब का मेरा रोज़गार है

ख़ुशबू तेरे वजूद की मौजूद हर जगह
मौसम हो चाहे कोई मुझे तो बहार है

दीवानगी है ये या मेरा ऐतबार है
तू आए या न आए मुझे इंतज़ार है

जाने वो क्या था उस में जो तूने मिला दिया
बस एक बार पी थी, अभी तक ख़ुमार है

मैं ने तो किया छोटा–सा अपराध इश्क़ का
कहते हैं लोग राही बड़ा गुनहगार है

54

दुख तो आते हैं बस उमस की तरह–
सुख की बौछार की ख़बर लेकर

आते–जाते तुझे निहारूंगा
तेरे कूचे में कोई घर लेकर

उस को आकाश भी तो दो यारो
नौजवानी विकल है पर लेकर

55.

उस ने महफ़िल में बुलाया, न बुलाया दिल से
अपना जलवा तो दिखाया, न दिखाया दिल से

उस की नज़रें थीं कहीं और, कहीं और थे हाथ
जाम मुझ को भी थमाया, न थमाया दिल से

उसके दरबार में मौजूद थे शायर सारे
शेर मैंने भी सुनाया, न सुनाया दिल से

ज़िन्दगी मुझ को मिली रूखे पड़ोसी की तरह
साथ तो मैं ने निभाया, न निभाया दिल से

कामियाबी ने कई बार कसा बांहों में
मुझ को सीने से लगाया, न लगाया दिल से

मुश्किलें बैठ गईं गोद में बच्चों की तरह
प्यार मैंने भी जताया, न जताया दिल से

56.

भरी है जेब, भरा घर, भरा न पेट मगर
ज़मीर अपना बहुत–सों ने बेच खाया है

फिर भी होती है मुलाक़ात महज़ रस्ते में
वो मेरा दोस्त है, हमदर्द है, हमसाया है

अपनी ख़ुद्दार तबीयत के नशे में अक्सर
दे के आवाज़ क़यामत को ख़ुद बुलाया है

मेरे नसीब तुझे माफ़ हर ख़ता तू ने
बड़े ग़ज़ब का मुझे हमसफ़र दिलाया है

जिसे मिला तेरी आवाज़ का मीठा जादू
वो गीत चांद सितारों ने गुनगुनाया है

57.

ज़िन्दगी के दर्दो–ग़म दुश्वार अच्छे मिल गए
नज़्म गढ़ने के लिए औज़ार अच्छे मिल गए

क्यों करूं बेकार उनकी बेवफ़ाई का गिला
उनसे मिलकर मुझको कुछ अशआर अच्छे मिल गए

आजकल तो रोज़ रोटी के लिए खटते हैं लोग
वो हैं ख़ुशक़िस्मत जिन्हें इतवार अच्छे मिल गए

दम घुटा जाता बुज़ुर्गों का कि रिश्ते खो गए
नौजवां ख़ुश है उन्हें बाज़ार अच्छे मिल गए

शुक्र है कुछ ख़ून के धब्बे तो राहों पर छपे
उम्र के मुश्किल सफ़र में ख़ार अच्छे मिल गए

दोस्तों की दुश्मनी का सिलसिला जारी रहा
ये ग़नीमत हो गई दो–चार अच्छे मिल गए

झूठ के अम्बार में दब–दब के रह जाता है सब
वो शहर ख़ुश हैं जिन्हें अख़बार अच्छे मिल गए

अनगिनत हैं लड़कियां बर्बाद–सी शादी के बाद
हैं वो ख़ुशक़िस्मत जिन्हें परिवार अच्छे मिल गए

58

वक़्त के कुछ ऐसे पैमाने रहे
ख़ूब मालामाल, तहख़ाने रहे

लोग तो परदेस तक पर छा गए
हम मोहल्ले में भी अनजाने रहे

अजनबी क्योंकर हमें पहचानते
हम तो अपनों में भी बेगाने रहे

जाने–महफ़िल थी शमा छाई रही
हम तो परवाने थे, परवाने रहे

वाहवाही लूट ली मक्कार ने
सीधे लोगों पर तो जुर्माने रहे

मां पड़ी बीमार तो मांगा यही
मेरा बच्चा मेरे सिरहाने रहे

शौक़ सौ–सौ पालता है आदमी
हम तो बस तेरे ही दीवाने रहे

59.

ढूंढ कर पढ़ते हैं सब मेरी किताब
आप चाटें बैठकर अपना ख़िताब

मांग कर पानी तलक पीते न हम
मांगने जाएं भला किस से शराब

दोस्त तक पहचान पाते ही नहीं
उन के चेहरे पे है रुतबे की नक़ाब

दीजिए कविता, उपेक्षा लीजिए
शायरी है बस यही राही जनाब

60.

हम सफ़ाई पसन्द हैं इतने
हम ने सड़कों की ख़ाक छानी है

शेर मेरा वो सब से अच्छा है
याद जो आप को ज़बानी है

61.

बदक़िस्मती है देश की या उनकी है क़िस्मत
हक़दार जो सज़ा के, मज़ा लूटते रहे

सूरज हमें भी देख ले, कब तक दुआ करें
सूरजमुखी के फूल हैं हम लोग क्या करें

पौधे गिने–चुने हैं सराबोर नीर में
पत्ते जो झर रहे हैं कहां इल्तिजा करें

गुंचे खड़े हैं कब से यहां इंतज़ार में
ख़ुशबू जहां भी क़ैद है, अब तो रिहा करें

फ़नकार तो दरबार से बचकर ही निकलते
मुमकिन नहीं है हर जगह सब सर झुका करें

राही ज़माना देख कर ग़ज़लें कहा करें
सच्चाई से परहेज़ कभी तो किया करें

62.

हम करवटें बदलते रहे रात–भर मगर
कुछ आप ने भी रात को बदला कि सो गए

जब भी लिखने बैठता हूं आंख हो जाती सजल
किस तरह भीगे हुए कागज़ पे लिक्खूं मैं ग़ज़ल

जब तलक गूंजे न किलकारी किसी मासूम की
उस में रहना बेमज़ा है झोंपड़ी हो या महल

रास्ता कितना भी मुश्किल हो मगर चलना तो है
नाम ही 'राही' है गिर कर मुझ को जाना है संभल

63.

दिन में तो कुछ बदल नहीं सकते
रात–भर करवटें बदलते हैं

दोस्ती गांठते जो कांटों से
फूलते हैं वो ख़ूब फलते हैं

64.

वक़्ते–सफ़र है क्या करूं तैयारियां मगर
बांधूं मैं क्या भला कोई सामान भी तो हो

जादू बड़े ख़िताब का उस पर भी चल गया
ले–दे के एक दोस्त था, वह भी बदल गया

पूछो न उस ग़रीब की क़िस्मत को क्या हुआ
लड़का था सिर्फ़ एक ही शायर निकल गया

जब से जवान ख़ून ने हाथों में ली मशाल
सदियों का अंधकार दिनों में पिघल गया

मंज़िल न मिल सकी अगर राही तो क्या हुआ
तुम से तुम्हारा नाम तो आगे निकल गया

65.

करोगे भी तो हस्ताक्षर कहां पर
क़लम तो है मगर चैकबुक कहां है

तुम्हारा काव्य–संग्रह कौन पूछे
किसी आचार्य का आमुख कहां है

66.

न मैं गा सकूंगा ज़माने के स्वर में
ज़माना मेरे साथ गाए तो गाए

मैं क्यों ना इन्हें शायरी में सजाऊं
मेरे दिल में जज़्बात आए तो आए

समझना कोई फूल कांटों में महका
अगर कोई तितली कहीं मुसकराए

मैं समझूंगा पुरनूर है मेरा चेहरा
मुझे देख गर आइना जगमगाए

मुलाक़ात उस से ही मुमकिन है मेरी
बुलाए अगर दिल से कोई बुलाए

67.

मैं तो शायर हूं मुझे कुछ ताज़गी भी चाहिए
ये ग़लत होगा अगर बासी नियम जीने लगा

मैंने काग़ज़ को लिया है चूम कितने प्यार से
जब भी ये मुझ को लगा अपनी क़लम जीने लगा

बस तभी राही हुआ अहसास मंज़िल मिल गई
जब भी अपने मैं से आगे बढ़ के हम जीने लगा

68.

जो तूने जान की बाज़ी लगा के गाया है
वो गीत तेरा ज़माने ने गुनगुनाया है

वो मारी मारी फिरी है गली गली में ख़ुद
तेरा किवाड़ जिस आंधी ने खटखटाया है

69.

कब किया मैं ने कोई उस से सवाल
दे दिया क्यों जिस्म ने मेरे जवाब

बस ख़ुदा के बाद वो है बेमिसाल
नाम है जिस चीज़ का यारो शबाब

मैंने सुख–दुख में से दुख को चुन लिया
मुझ से कविता ने कराया इंतख़ाब

उस के चेहरे पर सियाही पुत गई
जिसने नेता को किया था बेनक़ाब

नागफनियां छा गईं चारों तरफ़
काश मिल पाए कहीं कोई गुलाब

ढीट कम्प्यूटर की हरकत देखिए
छीन ली बच्चों के हाथों से किताब

70.

क्या बताएं, क्या बताएं, क्या बताएं यार
दर्द से ज़्यादा दवा ने कर दिया बीमार

सिर्फ़ बिकरी या ख़रीदारी समय की मांग
हर गली, पटरी, मोहल्ला बन गया बाज़ार

उन को फ़ुर्सत कहां है बात करें
उन से हम कैसे मुलाक़ात करें

फिर भी मैं क़र्ज़दार हूं किस किस के करम का
मैंने रखा किसी का बक़ाया नहीं कभी

71.

बेवफ़ा फूल की चाहत से यही बेहतर है
चूम लें पांव तो ख़ारों पे तसल्ली रखना

चांद मांगा है तो हम चांद ही लेंगे 'राही'
हम ने सीखा नहीं तारों पे तसल्ली रखना

क्या ज़रूरत उन्हें तिजोरी की
जिन के घर में बने हैं तहख़ाने

जब से तुझ पर शबाब आया है
तब से ख़ाली पड़े हैं बुतख़ाने

लोग टिकने नहीं देते हैं कभी चोटी पर
जान–पहचान ढलानों से बनाए रखना

एक बाज़ार है दुनिया ये अगर 'राही जी'
तुम भी दो–चार दुकानों से बनाए रखना

72.

गीत गूंजेगा अगर हम स्वर मिला कर गाएंगे
पड़ गए गर हम अकेले बेसुरे कहलाएंगे

73.

छीन लोगे इसे तो बचेगा ही क्या
पास मेरे नहीं कुछ क़लम के सिवा

कोई कह दे अगर सत्य की जीत हो
वो समझते हैं वो दे रहा बददुआ

मैंने सीखा है ग़ालिब से ये दोस्तो
दर्द हो तो तड़प लो, न मांगो दवा

74.

जिस ने ज़मीर टांग दिया है दुकान में
वो खो चुका है कब का अजब शान–बान में

मेरी दुआ है उन को मिले दाद हर तरफ़
जो शेर कह रहे हैं किसी भी ज़बान में

पंछी जो घोंसले में पले ख़ूब शौक़ से
वो उड़ रहे हैं आज पराए जहान में

वादा था जिन से नर्म बिछौने वो पाएंगे
वो आज भी पड़े हैं सड़क पर थकान में

राही जी शेर कहने में उस्ताद तो नहीं
सब से अलग हैं वो मगर तर्ज़े–बयान में

75.

सच तो ये है सच से वो घबरा गईं
हस्तियां प्रतिभाओं से कतरा गईं

दिग्गजों का छू नहीं पाए दिमाग़
जिन की कविताएं दिलों पर छा गईं

हो गए कांटे नुकीले और भी
यों तो कहने को बहारें आ गईं

दूसरों का दर्द जो लिखते रहे
उन से ख़ुशियां क्यों भला कतरा गईं

76.

जो भी वादे किए सब हवा हो गए
चन्द नारे महज़ आसरा हो गए

जो समझते थे ख़ुद को फ़रिश्ता कभी
चन्द लोगों की शह पर ख़ुदा हो गए

जो बग़लगीर होते थे शामो–सहर
चन्द सिक्कों की ख़ातिर जुदा हो गए

लफ़्ज़ जिस दिन से नारों में ढलने लगे
शायरों के लिए बेमज़ा हो गए

आपकी ही गली में बड़ी भीड़ है
ये न कहना कि हम बेवफ़ा हो गए

हुक्मरानी का ऐसा चला सिलसिला
जो भी हक़ थे वही इल्तिजा हो गए

ज़िन्दगी का सफ़र राही मुश्किल हुआ
जब से हमदर्द भी क्या से क्या हो गए

77.

पहले तो शायर हुआ करता था सौदाई मगर
आजकल के दौर में शायर भी सौदागर बना

जब कई कच्चे मकां टूटें तभी बनता महल
कितनी नदियां पीं गटागट तब कहीं सागर बना

शेर कहना था कभी ख़ुद्दार लोगों का चलन
अब तो ये मौक़ापरस्ती के लिए अवसर बना

हाथ गर फैला दिया तो कैसे थामोगे क़लम
शायरी उस की जो सब कुछ झेल कर शायर बना

78.

इस नए दौर का जवाब नहीं
एक भी चेहरा बेनक़ाब नहीं

जिन के हाथों में और सब कुछ है
उन के हाथों में बस किताब नहीं

जो मुख़ातिब नहीं है सत्ता के
उस को मिलता कोई ख़िताब नहीं

उस का जीना है बेवजह जीना
जिस की आंखों में कोई ख़्वाब नहीं

हम को राही जनाब मत कहिए
हम हैं प्यादे कोई नवाब नहीं

79.

क्या बताऊं हाथ में होती न गर मेरे क़लम
कुछ भी तो ऐसा न था रखता रवानी में मुझे

छूट पाया ही नहीं जीवन में ख़ुद्दारी का साथ
पर पड़ी सहनी ग़ुलामी राजधानी में मुझे

मेरी कविता के प्रशंसक साथ गर देते नहीं
कौन फिर नायक बनाता इस कहानी में मुझे

80.

घोषणा स्वर्ग की धरती पर तब तक है बिल्कुल बेमानी
जब तलक न मिल पाए भूखे को रोटी प्यासे को पानी

घर–घर में सब पहुंचा दोगे यह ख़ुशख़बरी है, मान लिया
पर घर–घर में मंगवाने की ताक़त भी तो है पहुंचानी

अब भी पटरी पर सोते हैं, बेरोज़गार मजबूरी में
कुछ तो बस टाट बिछाते हैं कुछ ने केवल चादर तानी

चैन में और उन में जाने कौन–सा गठजोड़ है
चैन भी आता नहीं जब तक कि वो आते नहीं

जाने–महफ़िल ही नहीं वो जाने–गुलशन भी तो हैं
फूल खिल पाते नहीं जब तक वो मुसकाते नहीं

सादगी से बोलिए तो बात छू लेती है दिल
लोग बेहतर हैं जो करते अर्ज़, फ़रमाते नहीं

81.

बाद में सारे तामझाम करें
पहले रोटी का इंतज़ाम करें

फिर बिखेरें विदेश में जलवे
पहले घर में दुआ–सलाम करें

आम को ख़ास फिर बना लेना
ख़ास लोगों को पहले आम करें

एक भी गर किसान भूखा है
अपने दावों की रोकथाम करें

सच की ख़ातिर जो सर उठाए हैं
उन को झुक कर दुआ–सलाम करें

82.

खुद गए हैं मील के पत्थर पे नेताओं के नाम
किस बिना पर सोच लें ये कारवां अपना भी है

जा चुकी हैं दूर तक राही ग़ज़ल की मंजिलें
दिल तड़पता है कि देखें इक निशां अपना भी है

83.

कैसे कर पाएगा हकीम इलाज
मेरा दिल मेरे पास है ही नहीं

वो भी पहचानता नहीं भाई
जिस की पहचान हम ने बनवाई

मैं तो 'राही' हूं शेर कहता हूं
चाहे शेहरत मिले या रुसवाई

देश वादों के सहारे चल रहा है
बस विवादों के सहारे चल रहा है

84.

मज़दूरी मिल न पाए अगर दिन ढले के साथ
सूरज की आन–बान गुलाबी का क्या करें

शेर जो मैंने कहे उन को सुनाने के लिए
वो ये समझे हैं ये महफ़िल में भुनाने के लिए

ख़ौफ़ या लालच मुझे हर्गिज़ झुका सकते नहीं
मैं झुकूंगा गोद में बच्चा उठाने के लिए

प्यार का रिश्ता करें क़ायम वो ये मंशा नहीं
आज़माते हैं मुझे बस आज़माने के लिए

मेरा दामन शहर ने नाकामियों से भर दिया
शौक़ में भर कर चला था कुछ कमाने के लिए

दोस्तों ने क्यों तलाशी ली है मेरी रात–दिन
पास मेरे तो महज़ ग़म है छिपाने के लिए

उन का दावा है कि दुनिया को बदल डालेंगे वो
पास जिन के सिर्फ़ क़िस्से हैं सुनाने के लिए

फूल–फल मांगे परिन्दे ने कहां किस पेड़ से
चन्द तिनके चाहिएं बस आशियाने के लिए

बस परों से काम जुगनू का कभी चलता नहीं
कुछ तपिश भी है ज़रूरी जगमगाने के लिए

जब से कोशिश की ज़रा–सा सर उठाने के लिए
ढूंढ़ता हूं मैं नशेमन सर छिपाने के लिए

मुझ को दिखला दो कहीं तो बेईमानी की शिकस्त
दिल बड़ा बेचैन–सा है मुसकराने के लिए

यों तो राहों ने बड़ी तकलीफ़ दी राही मगर
गीत तो बख़्शे कई हैं गुनगुनाने के लिए

85.

भीड़ उस्तादों की है चारों तरफ़
दिल तड़पता है कोई शायर मिले

कह रहे हैं वो हमे लेना है क्या
फ़ाइलों पर जिन के हस्ताक्षर मिले

क्या कहें राही पे क्या गुज़री जनाब
हमसफ़र चाहे थे सौदागर मिले

86.

गरेबां चाक है अपना उसे परचम करें कैसे
बहुत कुछ होना बाक़ी है मगर वो हम करें कैसे

हमारे चाहने वाले भी हैं ख़ुद्दार हम जैसे
वो ख़ुद मुश्किल में हैं, मुश्किल हमारी कम करें कैसे

सुबह से शाम तक संघर्ष ही संघर्ष चलता है
करेंगे आख़िरी दम तक मगर हरदम करें कैसे

वो जिसने लिख दिया है गर्दिशों का दौर माथे पर
उसी के सामने सर अपना आख़िर ख़म करें कैसे

तड़प जाते हैं फूलों की उदासी देख कर 'राही'
भरे जो आंख में आंसू, उन्हें शबनम करें कैसे

87.

हम हैं किस माहौल में ज़िन्दा, सोचो तो
परेशान है हर बाशिन्दा, सोचो तो

वो बयानबाज़ी से बाज़ नहीं आते
सुनने वाले हैं शर्मिंदा, सोचो तो

वो नोटों की मालाओं से लदे हुए
करने दो जो करता निन्दा, सोचो तो

हुक्मरान तो दूध धुले हैं सब के सब
गुनहगार है बस कारिन्दा, सोचो तो

अभी नहीं ला पाए ख़ुशहाली तो क्या
ले आएंगे वे आइन्दा, सोचो तो

सराबोर हैं कड़वाहट में ज़्यादातर
ग़ज़लों के अशआर चुनिन्दा, सोचो तो

आम आदमी की सुविधाओं का ब्यौरा
झूठों का है एक पुलिन्दा, सोचो तो

बाग़बान ही बने शिकारी, क्या कहने
पर मारे किस तरह परिन्दा, सोचो तो

इंसानों से ताक़तवर है राही जी
उन के भीतर छिपा दरिन्दा, सोचो तो

68.

हर गीत देशभक्ति का नारों में ढल गया
क्या ख़ूब मेरे देश का नक़्शा बदल गया

वो चल न पाया तेज़ बुढ़ापे की मार से
परिवार उस को छोड़कर आगे निकल गया

खाने की चीज़ ढूंढ रहा है कबाड़ में
शायद किसी ग़रीब का बच्चा मचल गया

कुछ भी नहीं है पास पकाने को क्या हुआ
समझा रहे हैं वो चलो, चूल्हा तो जल गया

कुछ लोग तो हुए हैं यहां सुर्ख़रू ज़रूर
था जिन के पास झूठ का सिक्का, वो चल गया

उस को ग़रूर था बहुत अपने ज़मीर पर
नोटों का ढेर देख कर वो भी फिसल गया

हालात आज़माते हैं हर शख़्स को राही
तू ही नहीं है जो गिरा, गिरकर संभल गया

89.

ज़िन्दगी देती नहीं कुछ भी रहो गर चुपचाप
एक बच्चे की तरह फिर से मचलना होगा

नौजवानी से तो बढ़ कर नहीं कुछ भी यारो
ले के आंखों में कोई ख़्वाब निकलना होगा

90.

फिर आ गई है लेके मेरा जन्मदिन मई
मौसम तो गरम है मगर जज़्बात बड़े सर्द

होते हैं रंग सात सदा इन्द्रधनुष में
क्यों रंग मिला मुझको महज़ एक, महज़ ज़र्द

91.

तेरा चेहरा दिमाग़ पर छाता
हाथ में जब गुलाल आता है

छीन सकता था तुझ को दुनिया से
दिल में अक्सर मलाल आता है

जिस को कह पाएं सब सुनहरी है
कब न जाने वो साल आता है

जिस से मिलना है भूख से मिलना
उस से मिलने दलाल आता है

वो तो छाता है रोज़ ख़बरों पर
उस को यह भी कमाल आता है

उन को मज़दूर लगता है दुश्मन
जब वो लेकर मशाल आता है

लोग कहते हैं पूर्ण है वह जो
ख़ुद को सांचे में ढाल आता है

92.

जिन से थी उम्मीद सहारा देंगे अपनी बांहों का
जब वे आए थाम कटारी, तेरी याद मुझे आई

जब भी राजनीति ने छीनी भोली–भाली जनता की
निश्छल सहज सरल किलकारी, तेरी याद मुझे आई

93.

क्या करें हम पास अपने कोई नज़राना नहीं
इसलिए अपनों ने भी हम को सगा माना नहीं

ज़िन्दगी ने ख़ुद इशारा कर बुलाया था मगर
पास पहुंचे तो चुरा ली आंख, पहचाना नहीं

कोशिशों की कामियाबी से है गहरी दोस्ती
लोग कहते हैं तो होगी हम ने तो जाना नहीं

राह में मिलते रहे कितने ही चेहरे दिलफ़रेब
हैलो हैलो तो हुई मिल पाया याराना नहीं

94.

दर्द प्याले में उंडेला और गुट गुट पी गए
हम बड़ी से भी बड़ी मुश्किल में हंस कर जी गए

भीड़ में पिसते रहे हम भी मसालों की तरह
उन का जलवा देखने को बिन बुलाए ही गए

दोस्तों ने चाक कर डाला गरेबां बेवजह
और दुश्मन जाने क्यों आकर अचानक सी गए

जिस की ख़ातिर मैं बिकूं अपनी अदाएं छोड़ूं
देने वाले मुझे ऐसी भी ज़रूरत दे दे

मुझ को हालात ने मिट्टी की तरह रौंदा है
काश! कविता मुझे गूंदे कोई सूरत दे दे

95.

दिल–दिमाग़ जब दोनों ख़ाली, दस्तक देती नहीं ग़ज़ल
दरवाज़ा खटकाती वह भी जब होती कोई हलचल

मुश्किल को कितना भी कोसें बेचैनी में तड़पें हम
शेर घेर लेते दिमाग़ जब हो जाता मन सहज सरल

ख़ुशनसीब होंगे कुछ शायर हम तो क़लम उठाते तब
जब भी सपने बहने लगते, हो जाती है आंख सजल

सभी कल्पनाओं से आगे तड़प निकल जाती सहसा
ग़ज़ल ग़ज़ल की पंक्ति पंक्ति में ख़ून जिगर का जाता ढल

वक़्त काटने का कोई तो और रास्ता दे यारब
कब तक शेरो–सुख़न संभालें आख़िर हम हर क्षण, हर पल

जिस से उस का मन जुड़ जाता कहती बस वह व्यथा कथा
अच्छी कविता, सच्ची कविता नहीं मारती कभी नक़ल

काश! शायरी और दर्द का सीधा रिश्ता टूट सके
'राही' कभी चैन भी पाएं आज नही तो पाएं कल

96.

मिल न पाई नक़द ख़ुशी कोई
हम ने तो बस उधार झेला है

ख़ास लोगों की असलियत है पता
भीड़ ने इश्तहार झेला है

शक की तो बात छोड़िए साहब
हम ने तो ऐतबार झेला है

97.

तू जो आए तो मेरा फूल–सा दिल खिल जाए
जैसे शायर को कोई खोई ग़ज़ल मिल जाए

शेर सुनने हैं, कहीं बैठ के सुन लो यारो
ये ज़रूरी तो नहीं हर कोई महफ़िल जाए

नाव कोई भी हो ख़ुद लौट के आना होगा
ये तो मुमकिन नहीं, लेने कोई साहिल जाए

98.

छोड़ कर तुझ को कोई चाह न की
शुक्र है ज़िन्दगी तबाह न की

गूंज महफ़िल में थी क़सीदों की
चुप रहें हम तो वाह वाह न की

शेर कहते हैं ज़ुल्म सहते हैं
हम ने अपनों से भी सलाह न की

99.

मेरी कविता को कैसे रोकेंगे
दिल से निकली है जाएगी दिल तक

हर भंवर में छिपी है चालाकी
कोई पहुंचेगा कैसे साहिल तक

जो नहीं शायरी का दीवाना
क्या करेगा पहुंच के महफ़िल तक

शुक्रिया मुश्किलों का राही जी
साथ मेरा दिया है मंज़िल तक

100.

चांद है गर तो दाग़ भी होंगे
चंद बुझते चिराग़ भी होंगे

इश्क़ अपने में इक पहेली है
फिर भी कुछ तो सुराग़ भी होंगे

फ़ाइलें दास्तां नहीं बनतीं
कुछ तो ऐसे विभाग भी होंगे

101.

सुबह सुबह लिखने का मन है
शबनम–सा दिखने का मन है

बोली अगर लगाए तू ही
आज मेरा बिकने का मन है

फूलों को हाथों में लेकर
कांटों पर टिकने का मन है

हल्की हल्की आंच में पक कर
रोटी–सा सिकने का मन है

102.

फूल–पत्ते भी बोल सकते हैं
उन से कुछ बात तो करो यारो

मौत की बात है अलग लेकिन
ज़िन्दगी से तो मत डरो यारो

चैन देते हैं दूसरों को जो
उनकी कठिनाइयां हरो यारो

कशमकश बाढ़ बन के आए तो
हौसले से उसे तरो यारो

103.

लोग जन्नत की ख़ातिर भटकते रहे
मैं सितारों से आगे गया ही नहीं

देख पाता दुल्हन की अदा किस तरह
मैं कहारों से आगे गया ही नहीं

104.

पास भाग्य के सुख की चाबी
ये बातें हैं सिर्फ़ किताबी

नियति बदल सकता है मानव
यदि नीयत में हो न ख़राबी

अब की महके हैं गुलाब यों
पत्ते तक हो गए गुलाबी

ऐसी मादक हवा चली है
मैसम भी हो गया शराबी

हम तो और ज़ोर से बोले
जब असत्य ने गर्दन दाबी

'राही' न्यौछावर कविता पर
टस से मस होंगे न ज़रा भी

105.

हम ने ग़ज़ल उगाई थी कविता के बाग़ में
लोगों ने उस को झोंक दिया तब तो आग में

है शायरी महदूद बस उर्दू ज़बान तक
ये सोच भर गई थी कई के दिमाग़ में

होती न क़ैद शायरी अपनी ज़बान में
जैसे कभी न रोशनी बंधती चिराग़ में

जिह्वा चखेगी एक ही भाषा का स्वाद क्यों
होता मज़ा अलग है हरिक दाल–साग में

राही जनाब आप हैं शैदाई ग़ज़ल के
रहने दें उन को जो हैं कमी के सुराग़ में

106.

चार अच्छे शेर कर देते हैं शायर को अमर
लोग क्यों बैठे हुए हैं काग़ज़ों के ढेर पर

दिल–जिगर से शायरी का वास्ता सीधा बहुत
जितने गहरे घाव होते उतना ही गहरा असर

शायरी से वाहवाही तो महज़ मिलती है तब
जब मिले शायर को तमग़ा या कि सरकारी मुहर

जिन का दावा है बदल देंगे वो क़िस्मत देश की
शेर से ज़्यादा तो नारों पर टिकाते हैं नज़र

मीर, ग़ालिब, ज़ौक़ हों या हों निराला या कबीर
ज़िन्दगी–भर ख़ूब तड़पे और भटके दर–बदर

व्यर्थ की तुकबन्दियां करना महज़ बेकार है
राही जी, कुछ ऐसा लिखना, झूम जाए हर बशर

107.

जो फ़साने दर्द से महरूम हैं, निस्सार हैं
वेदनाएं काव्य की उपलब्धि हैं, श्रृंगार हैं

सिलसिला मुझ को शिकस्तों का कभी मालिक न दे
हार हो या जीत, दोनों ही मुझे स्वीकार हैं

झेलने पड़ते हैं सब को रंजो–ग़म के हादसे
चाहे वे कमज़ोर नर हैं, चाहे वे अवतार हैं

भोग लेते हैं सभी अपनी तरह से दर्द को
कुछ तो ऐसे हैं जो लगते ही नहीं बीमार हैं

मीर, ग़ालिब, ज़ौक़, मीरा सब ने झेले हादसे
आज लेकिन उन के सब क़िस्से गले का हार हैं

हम तो राही जी ग़मों को झेल कर शायर बने
क्या करें लेकिन ग़मों की भीड़ से बेज़ार हैं

108.

जो अपनी कुर्सी में सिमट कर मज़ा शेर कहने का है
लुत्फ़ कहां वो ऊंचे ऊंचे महलों में रहने का है

बड़ी शान–शौकत दिमाग़ पर बड़ी शान से छाती है
लेकिन उस में ख़तरा छोटी सृजन–कुटी ढहने का है

पीड़ा जो बंट जाए औरों में वह गीत कहां बनती
कविता तो उपहार, स्वयं ही अपने दुख सहने का है

किसी शमा से पूछो थोड़ी शबनम पीना चाहेगी
केवल वह बतलाएगी क्या मज़ा मौन दहने का है

109.

द्वार जब भी ख़ुशी के आए हैं
झोलियां भर के दर्द लाए हैं

जो हमारे ही दिल में रहते हैं
हम उन्हीं के लिए पराए हैं

आप का नाम कब लिया हम ने
लोग तो यों ही मुसकराए हैं

प्यार की आंख में जो आंसू थे
वे सितारों–से जगमगाए हैं

110.

आप कब तक बचाएंगे दामन
हम भी आख़िर उधार खाए हैं

मंज़िलों ने हमें पुकार लिया
जब कभी पांव डगमगाए हैं

फूंक कर अपना आशियां हम ने
दूसरों के दिए जलाए हैं

तब से बदनाम हो गए हैं हम
जब से कुछ राज़दां बनाए हैं

हैं सभी की ज़बान पर 'राही'
गीत हम ने जो गुनगुनाए हैं

110.

अपना जलवा दिखा गया कोई
मुझ को जीना सिखा गया कोई

मेरे कंधे पे सर टिका अपना
मुझ से ग़ज़लें लिखा गया कोई

वो बड़ा व्यस्त था मगर फिर भी
मेरे कुछ शेर गा गया कोई

ज़िन्दगानी से कट चला था मैं
उस के नज़दीक ला गया कोई

हाथ तो वो थमा नहीं पाया
साथ कुछ पल निभा गया कोई

हार बैठा था मैं ज़माने से
मुझ को फिर से जिता गया कोई

112.

उन के होठों पे वायदे हैं बस
जिन के हाथों में आबोदाना है

दोस्त आ कर गले लगाते थे
ये फ़साना बड़ा पुराना है

पंख हालात ने कतर डाले
अब तो पिंजरे में फड़फड़ाना है

लोग कहते हैं इश्क़ जन्नत है
हो भी सकता है, आज़माना है

कामियाबी मिलेगी कब 'राही'
सुन रहे हैं कि वो रवाना है

113.

कौन अब किस का करे उपचार
ख़ुद मसीहा पड़ गया बीमार

भागते माया के पीछे लोग
जबकि माया है स्वयं संसार

मन्त्र सारे पी गया आकाश
हो गए क्यों सार भी निस्सार

114.

लिख रहे हैं और हम लिखते रहेंगे
भीड़ में ही सही हम दिखते रहेंगे

मिल सके या मिल न पाए चमक यश की
हम सृजन की आंच में सिकते रहेंगे

बिक न पाएंगे किसी शोहरत की ख़ातिर
लोग दौलत के लिए बिकते रहेंगे

ज़ायक़ा संघर्ष का कड़वा है 'राही'
साधना के रूप में चखते रहेंगे

115.

शायरी के नाम कर दी ज़िन्दगी हम ने मगर
शायरी ने नाम हम को फिर भी दिलवाया नहीं

आप जो मांगें वही तोहफ़ा मिले मुमकिन कहां
हाथ फैला कर किसी ने ताज तो पाया नहीं

मैं उसे फैला भी देता तो मुझे मिलता भी क्या
मेरा दामन चाक है, राही जी फैलाया नहीं

116.

हम भला ज़िन्दगी में क्या खोते
कुछ किसी से कभी मिला तो हो

बाग़बानी तो हम ने भी की है
फूल लेकिन कोई खिला तो हो

हौसला अपना हम दिखा तो दें
कोई वाजिब मुक़ाबला तो हो

हमसफ़र किस के हम बनें राही
दूर तक कोई क़ाफ़िला तो हो

117.

ख़ामख़ा की तोहमतें भी मढ़ गए
हमनशीं ही घर पे ताले जड़ गए

लोग हैं ख़ुद में मुकम्मल कारवां
भीड़ में भी हम अकेले पड़ गए

हो चुके हैं इतने चकनाचूर हम
रखनी थी बुनियाद ख़ुद ही गड़ गए

118.

जब भी मैं ने बहार देखी है
तुझ से लेकर उधार देखी है

जिस को सुनते ही खिल उठीं कलियां
तेरी ऐसी पुकार देखी है

तुझ से पहली दफ़ा मिला था जहां
वो जगह बार बार देखी है

तेरी छोटी–सी झलक पाने को
मैंने लम्बी क़तार देखी है

जिस गली से गुज़र न पाई तू
वो गली बेक़रार देखी है

जिस को तू ने बुना नहीं मन से
वो सुबह तार तार देखी है

तुझ को देखा तो ये लगा राही
ज़िन्दगी आर–पार देखी है

119.

प्यार दोतरफ़ा अगर हो, स्वर्ग से भी कम नहीं
एकतरफ़ा प्यार जैसा किन्तु कोई ग़म नहीं

दोस्ती सच्ची अगर हो मुश्किलें आसान हैं
नेकदिल हमदर्द से बढ़ कर कोई हमदम नहीं

दूसरों के ग़म में आंसू बह गया जो आंख से
उस सरीखा कोई भी मोती, कोई शबनम नहीं

आसमां तक को गुंजा देते हैं कुछ नारे मगर
बस्तियों की मांग ख़ुशहाली है, बस परचम नहीं

120.

ये दौरे–शायरी कैसा है, आख़िर क्या ज़माना है
ग़ज़ल भूली कि उस का इश्क़ से रिश्ता पुराना है

हमेशा शायरी में ज़िक्र हो वीरानियों का क्यों
परिन्दे अब भी हैं मौजूद, अब भी आशियाना है

मुहब्बत ज़िन्दगी का नूर है, मशहूर है यारो
हमेशा बेवफ़ाई का भला क्यों रोना–गाना है

121.

जो देना है बड़े शौक़ से देना दाता मुझे मगर
कैसे उन्हें करूंगा सच मैं अब मत देना ख़्वाब मुझे

अब तो अपना लिखा हुआ तक संभल नहीं पाता मुझसे
नौजवान देते रहते हैं अपनी नई किताब मुझे

बीत गए वे दिन करता था भेंट किसी को चुपके से
लेकिन अब भी आकर्षित करते हैं लाल गुलाब मुझे

छुटी भीड़ की घेराबन्दी, चलो मिली फ़ुर्सत राही
इतने ही काफ़ी हैं, घेरे रहते जो अहबाब मुझे

122.

हस्तियां जो आसमां पर छा गईं
चन्द लोगों को महज़ बहला गईं

दिग्गजों का छू नहीं पाए दिमाग़
जिनकी कविताएं सभी को भा गईं

भावुकों को कौन समझाए गणित
भावनाएं उन का दिल बहला गईं

123.

बेतहाशा दी मुझे तकलीफ़ ग़ैरों ने मगर
अपना ग़ुस्सा मैं ने अपनों पर उतारा बेवजह

मुझ को था मालूम कोई दे न पाएगा जवाब
मैं ने सारा दिन सवालों में गुज़ारा बेवजह

आजकल हमदर्द का मतलब है बस मतलबपरस्त
कौन देता है किसी को अब सहारा बेवजह

मुझ को था मालूम राही वो न आएगा इधर
मैंने क्यों हर राह को फिर–फिर बुहारा बेवजह

124.

पूरी न हुई बात, चलो फिर कभी सही
छोटी थी मुलाक़ात, चलो फिर कभी सही

इस हफ़्ते का वादा था, मगर हफ़्ते में दिन तो
होते हैं फ़क़त सात, चलो फिर कभी सही

दे पाया कब जवाब ज़माने की जिरह का
मुश्किल थे सवालात, चलो फिर कभी सही

आज़ादी की इक सांस तक लेने नहीं देती
रिश्तों की हवालात, चलो फिर कभी सही

उस ने तो महज़ जिस्म में घोंपी थी कटारी
ज़ख़्मी हुए जज़्बात, चलो फिर कभी सही

मेंहदी की तरह हम में कोई रंग न आया
पिसते रहे दिन–रात, चलो फिर कभी सही

मत हम तो सदा डालेंगे सच्चाई के हक़ में
खाई है भले मात, चलो फिर कभी सही

राही जी कभी अपने गरेबान में झांको
इत्ती–सी है औक़ात, चलो फिर कभी सही

125.

अचानक दोस्ती करना, अचानक दुश्मनी करना
ये उस का शौक़ है यारो, सभी से दिल्लगी करना

सभी जज़्बात को दीवानगी की हद समझते हैं
ये ऐसा दौर है, इस में संभल कर शायरी करना

अंधेरे आंधियां बन कर चिराग़ों को बुझाते हैं
बड़ा मुश्किल है दुनिया में ज़रा–सी रोशनी करना

वफ़ा के नाम पर राही चलन है बेवफ़ाई का
न इस के नाम अपनी रूह की कोई ख़ुशी करना

126

शायरी कुछ को इक खिलौना है
हम को तो ओढ़ना–बिछौना है

गर न दावा करो बुलन्दी का
लोग कह देंगे ये तो बौना है

शौक़ शोहरत का तो हमें भी है
क्या करें यार, औना–पौना है

ज़िन्दगी भर का दाग़ बन जाता
एक लम्हा भी गर घिनौना है

जो धड़कता नहीं ग़ज़ल के लिए
दिल में ऐसा न कोई कोना है

शायरी है वजूद राही का
कुछ न पाना है, कुछ न खोना है

127.

देने वाले ने हुनर दे दिया, तक़दीर नहीं
फ्रेम तो मिल गया, उस मे कोई तस्वीर नहीं

सोचते रहिए सुबह होगी तो क्या पाएंगे
ज़िन्दगी ख़्वाब है, उस की कोई ताबीर नहीं

मुश्किलों से बड़ी मुश्किल से मिला करती निजात
क्या लड़े हाथ में जिस के कोई शमशीर नहीं

शायरी शौक़ नहीं यार, तपस्या भी है
क्या करें अपनी इबादत में ही तासीर नही

बेवफ़ाई का चलन आम हुआ है इतना
न तो रांझा है कहीं और कहीं हीर नही

कैसे शोहरत को निभाए वो महज़ मेहनत से
पास जिस के कोई पूंजी नहीं, जागीर नहीं

जाने क्या अपने मुक़द्दर में लिखा है राही
भीड़ है, होता मगर कोई बग़लगीर नही

128.

हम को तक़दीर की नहीं परवा
अपने सम्मान ख़ुद कमाने हैं

कौन हरदम ख़ुशी मनाता है
सारे त्योहार आने–जाने हैं

दो घड़ी और बैठिए साहब
चन्द अशआर भी सुनाने हैं

129.

वो मेरी पूरी सोच में गूंजेगा उम्र–भर
जो गीत मेरा तू ने तरन्नुम से गा दिया

दिल खो चुका था हसरतों के चक्रव्यूह में
तू ने उसे तलाश कर चुपचाप ला दिया

मैं ढूंढता था शायरी जाने कहां–कहां
तू ने दिखा वफ़ा मुझे उससे मिला दिया

निश्चित है इन्तहा यहां हर एक चीज़ की
सीमा न कोई प्यार की, तूने बता दिया

यों तो वो रोज़ करता है मुझ से कोई सवाल
पूछा न भूल कर भी कभी मुझ से मेरा हाल

130.

कहते हैं कि दुनिया में बदल जाता है सब कुछ
क्यों मेरी ही तक़दीर में बदलाव नहीं है

मैं भी तो खिलाड़ी हूं अगर खेल है दुनिया
पासा है मेरे पास भी, बस दांव नहीं है

थामी है क़लम, हाथ भला कैसे पसारूं
अब तक तो समर्पण का कोई भाव नहीं है

कहते हैं कुछ लोग कि राही जाने क्या–क्या लिखता है
मुझ को तो है ग़ज़ल आइना, जिस में सब कुछ दिखता है

131.

हम जिन्हें शौक़ से बुलाते हैं
और भी दूर निकल जाते हैं

सिर्फ़ हम ही तो ज़िम्मेदार नहीं
कुछ तो हालात भी रुलाते हैं

झांकतीं तक नहीं कभी ख़ुशियां
दर्द हर रोज़ मिलने आते हैं

ऐसा लगता है हम भी ज़िन्दा हैं
जब ग़ज़ल कोई गुनगुनाते हैं

काश! ऐसा लगे किसी शब में
हम भी तारों–से जगमगाते हैं

शुक्रिया दोस्त, छीन कर राहत
कितनी ग़ज़लें हमें दिलाई हैं

अपनी दौलत तो अपनी ग़ज़लें हैं
जो बड़े शौक़ से कमाई हैं

आप तो आन–बान रखते हैं
हम शराफ़त का ध्यान रखते हैं

कब तलक आप के सुनें ताने
हम भी मुंह में ज़बान रखते हैं

लोग पागल हैं रोटियों के लिए
आप घर में दुकान रखते हैं

उन की आवाज़ क्यों दबाते हो
जो भी सच का बयान रखते हैं

जिस में आ जाए धूर्त्त चोटी पर
आप वो इम्तिहान रखते हैं

जाने कितने हैं उनके तहख़ाने
जो भी ऊंची दुकान रखते हैं

132.

दस्तूर से हम लोग सदा दूर रहे हैं
हम क्या करें आदत से ही मजबूर रहे हैं

चोटी के लोग नाम हमारा न सुन सके
कहते हैं दोस्त हम बड़े मशहूर रहे हैं

नारों के सिवा कुछ भी न सुन पाते हैं वे लोग
सत्ता का जाम पी के जो मख़मूर रहे हैं

पैदा ही हुए हम तो मई मास में राही
सीने में सुलगते हुए तन्दूर रहे हैं

133.

नक़्श जो हो गई मेरे दिल पर
वो तेरे प्यार की कहानी है

जो ग़ज़ल तुझ पे है कही मैं ने
आज महफ़िल में वो सुनानी है

इतना संघर्ष झेल लेता हूं
शायरी की ही मेहरबानी है

सारे दाता हैं आज पत्थर–दिल
मांगने वाला पानी पानी है

मैं ने घुटने कहीं नहीं टेके
कुछ तो क़ीमत मुझे चुकानी है

ये ग़ज़ल आप की सुनो राही
दिल से निकली दिलों में जानी है

134.

हाले–दिल उन से करें हम कब बयां
उन को कम्प्यूटर से है फ़ुर्सत कहां

ख़ास ग़ज़लें उन पे जो मैं ने लिखीं
मैं उन्हें कैसे सुनाऊं, कब, कहां

उन के रिश्ते बीसियों से जुड़ गए
अब मिलाएं कैसे मेरी हां से हां

उंगलियों से काम लेते हैं महज़
खोलते तक वो नहीं अपनी ज़बां

वो पड़ोसी पर नज़र कैसे रखें
आंख में उन की बसा है कहकशां

अब किताबों का ज़माना लद गया
फ़ेसबुक में खो गया है नौजवां

135

सारी कलियां फूल कहां बन पाती हैं
खिल पाने से पहले ही मुरझाती हैं

खिल कर फूल न महकें पूरी तरह अगर
सभी तितलियां उन पर कब मंडराती हैं

136.

बेवजह शेर कहूं इस की ज़रूरत ही नहीं
शायरी मेरी इबादत भी है, आदत ही नहीं

बेवफ़ाई का चलन आम हुआ है इतना
अब रफ़ीक़ों से कोई ख़ास शिकायत ही नहीं

मेरे मन में है चमक जाऊं सितारे की तरह
पर चमकते हुए तारों की इजाज़त ही नहीं

हाथ में जब से क़लम आई है सब छूट गया
इतने मसरूफ़ रहे, भीड़ में शिरकत ही न की

137.

तुझ को खोकर भी पा लिया मैं ने
शायरी में समा लिया मैं ने

गुफ़्तगू हो न पाई जब वैसे
तुझ को शेरों में गा लिया मैं ने

तू हक़ीक़त में रूबरू न हुई
ख़्वाब में ही बुला लिया मैंने

138.

आफ़तें लौट लौट कर आईं
देख कर बेवजह ही मुसकाईं

कौन कहता है हम रहे भूखे
हम ने दर–दर की ठोकरें खाईं

क्या हुआ हाथ गर रहे ख़ाली
हम से ग़ज़लें तो ख़ूब लिखवाईं

काम था उन का नूर बिखराना
कोहरा बन के हस्तियां छाईं

139.

तू मुझे मिल जाए तो जीवन मिले
वरना कैसे फूल जैसा मन खिले

झोंपड़ी में काटते जो ज़िन्दगी
ख़्वाब में उन के समा जाते क़िले

उन के फ़रमान हो चुके जारी
हम ने भी कुछ तो की है तैयारी

हम नें मांगी थी वक़्त से फुर्सत
वक़्त ने बख़्श दी है बेकारी

काश! गूंजे कभी कोई नग़मा
जैसे बच्चे की मीठी किलकारी

शायरी तो मिठास है राही
क्यों ग़ज़ल आप की हुई खारी

140.

लोग आकाश छू के आते हैं
हम तो पिंजरे में फड़फड़ाते हैं

लोग तो खुद को भी भुनाते हैं
हम तो बस शेर गुनगुनाते हैं

लोग रखते हैं शेर को तो याद
किन्तु शायर को भूल जाते हैं

साथ अपनों से वो निभा सकते
साथ अपने से जो निभाते हैं

फ़ेसबुक का अजीब चेहरा है
देखने वाले चहचहाते हैं

ख़्वाब मंज़िल के ले के आंखों में
राही जी रतजगे मनाते हैं

141.

उस से मिल पाऊं जब कभी मन हो
काश! इस में कहीं न उलझन हो

दिल सुलगता हुआ ही छोड़ दिया
हम ने चाहा था नाम रोशन हो

बात जिस से हमें बनानी है
रात–दिन क्यों उसी से अनबन हो

देख कर उसको ये लगा था मुझे
जैसे चेहरा नहीं हो दरपन हो

काश! सुन ले वो शायरी मेरी
उस से फिर और क्या निवेदन हो

उस के अरमान महक उठते हैं
जिस के आंगन में एक उपवन हो

हमसफ़र को बताइए राही
पांव में गर ज़रा भी कम्पन हो

142.

रात–भर सुलगा रहा तन्दूर, यह अच्छा हुआ
शाम से बैठे थे कुछ मज़दूर, यह अच्छा हुआ

वह भी था महफ़िल से कुछ बेज़ार, यह हम ने सुना
हम थे महफ़िल से बहुत ही दूर, यह अच्छा हुआ

अपना चेहरा देख कब पाते थे भरकर शौक़ में
हो गया शीशा ही चकनाचूर, यह अच्छा हुआ

बुझ गई शम्मअ अचानक, रोशनी फिर भी रही
उस के चेहरे पे था अद्‌भुत नूर, यह अच्छा हुआ

143.

लोग ख़ुशक़िस्मत हैं जिन की ज़िन्दगी से बन गई
क्या बताऊं यार, मेरी तो ख़ुशी से ठन गई

रंग तो छाए बदन पर, मन मगर सूखा रहा
ये न लग पाया कि होली इस दफ़ा तो मन गई

दूर से चिड़िया सभी तकते रहे हैं शौक़ से
पर उड़ा दी वह सभी ने जिस किसी आंगन गई

शायरी बनती सहारा, जब न मिल पाता जवाब–
मुद्‌दतों में जो ख़ुशी आई थी, किस कारन गई

शेर कहना सिर्फ़ आदत ही नहीं राही जनाब
यह समझ लो, बेवजह की ज़्यादती से ठन गई

144.

फ़ुर्सत नहीं है उस को पढ़े वो सुबह या शाम
दिल पे लिखा हुआ है मेरे, कब से उस का नाम

मिलना तो दूर, दूर से भी देखता नहीं
मिलने का किस तरह से रखूं मैं भी इंतज़ाम

तस्वीर तेरी शायरी तो बन चुकी मेरी
मैं चित्रकार तो नहीं जो ब्रश से लूं मैं काम

तू एक बार शौक़ से दीदार बख़्श दे
मैं मान लूंगा मिल गईं ख़ुशियां मुझे तमाम

जिस शेर में जज़्बात ने पा ली सही जगह
चढ़ जाता है ज़बान पर, रटते हैं ख़ासो–आम

माना कि फ़ेसबुक से नहीं दोस्ती जुड़ी
जुड़ जाएगी जो उस का कभी आ गया पयाम

राही जनाब आप हैं दीवाने ग़ज़ल के
शैदाई शायरी के रखेंगे दुआ सलाम

145.

झूठे वादों, धमकियों से रहते हैं वो तर–बतर
उन को कुछ मतलब नहीं है यार, ख़ासो–आम से

जिन चिरागों की वजह से इतना उजियाला हुआ
जब सुबह आई तो बस उन का ही मुंह काला हुआ

ख़ुदकशी पर क्यों वे आमादा हुए, बतलाइए
ज़िन्दगी का खेत जिन के दम से हरियाला हुआ

ख़ून के छींटे पड़े हैं आज उस के पंख पर
जो कबूतर था बड़े ही प्यार से पाला हुआ

हुक्मरां हैं वो उन्हें तो सिर्फ़ इतना चाहिए
उन के ही सांचे में हो हर आदमी ढाला हुआ

दर्द को हम बद्दुआ दें तो भी आख़िर किस तरह
शायरी का नूर तो उस से ही दोबाला हुआ

झूठ इतना रच चुका है ख़ून की हर बूंद में
जब भी सच मुंह से निकाला, जीभ पर छाला हुआ

जाने ये लीला है किसकी, कौन–सा दस्तूर है
हर मसीहा का मुक़द्दर ज़हर का प्याला हुआ

अब तो दम घुटने लगा इस बेमज़ा माहौल में
जिस से मिलिए एक ही क़िस्सा है–घोटाला हुआ

उन का कहना है कि राही जी, बदल जाएंगे वो
ये नहीं बतलाएंगे अब तक है क्यों टाला हुआ

146.

जी रहे हैं घर में हम मेहमान–से
जुड़ न पाए वक़्त के फ़रमान से

अब कोई मतलब नहीं गुणवान से
अब नहीं कोई बड़ा धनवान से

मस्त है दुनिया मशीनी दौर में
हम को क्यों देखे कोई सम्मान से

फ़ोन का होना ज़रूरी हो गया
लोग अब सुनते कहां हैं कान से

अब बुज़ुर्गों से कोई मतलब नहीं
देखता है कौन उन को ध्यान से

यन्त्र ने सब मन्त्र धोकर रख दिए
आज कम्प्यूटर बड़ा भगवान से

प्यार, आदर, भाईचारा, दोस्ती
शब्द ये सारे हुए बेजान से

इस नई पीढ़ी को कोई क्या कमी
जो मिले ले आएंगे दूकान से

अब तो सब सहने की आदत पड़ गई
लग रहे हैं शाप भी वरदान–से

147.

किस से करूं मैं बात कोई सिलसिला तो हो
कोई भी भर के शौक़ में मुझ से मिला तो हो

हर एक की मंज़िल है अलग, रास्ता अलग
किस से क़दम मिलाऊं, कोई क़ाफ़िला तो हो

मेरे भी दिल–दिमाग़ में खुशबू मचल उठे
मेरे चमन में काश! कोई गुल खिला तो हो

दाता का क्या क़सूर भला डालता कहां
दामन है मेरा चाक कभी का, सिला तो हो

मैं अपनी शायरी पे करूं फ़ख़्र क्या राही
सुन कर के मेरा शेर कोई दिल हिला तो हो

148.

मन तो कब का टूट चुका है, अब तो तन की बारी है
कभी ज़िन्दगी एक मज़ा थी, आज सज़ा, लाचारी है

टूटे स्वप्न आंख में गड़ते, नज़र बड़ी धुंधलाती है
लगता है घर हो कि गली हो, बस्ती ही अंधियारी है

अपना अपना स्वाद बनाए रहती हैं सारी चीज़ें
जब रुचि ही बौरा जाती है, लगता सब कुछ खारी है

धन्यवाद प्रभु का हाथों में अब तक इतनी ताक़त है
अब भी लिखना–पढ़ना जारी, अब भी क़लम हमारी है

जीवन है वरदान, पुस्तकों में हम पढ़ते आए हैं
मगर महापुरुषों ने भी तो जीती बाज़ी हारी है

चाहे कुछ भी टेको, मगर न घुटने टेको राही जी
एक रोज़ तुम कहीं पढ़ोगे–निश्चित जीत तुम्हारी है

149.

हो ग़ज़ल प्यारी तो आपस में सुनानी चाहिए
हों अगर बिल्कुल अकेले, गुनगुनानी चाहिए

सब से ज़्यादा होंठ पर फबती है अपनी शायरी
मुझ को तो अपनी ग़ज़ल बस मुंहज़बानी चाहिए

शायरी सौदा नहीं, सौदाइयों का है हुनर
सोचना तक है ग़लत, कविता भुनानी चाहिए

एक था वो भी ज़माना शायरी नायाब थी
फिर से लौटा कर वही तहज़ीब लानी चाहिए

150.

बेज़बानी का ये ज़माना है
सिर्फ़ नारा, तुम्हें लगाना है

इश्क़ का दर्द गर सहा ही नहीं
दास्तानों में वो रहा ही नहीं

यों तो हर चीज़ हद में रहती है
प्यार की कोई इन्तहा ही नहीं

जब से हम ने क़लम संभाली है
ज़िन्दगी आफ़तों में डाली है

आज बाज़ार पर जो छाए है
उन का सिक्का तो सिर्फ़ जाली है

151.

आज भी हम पेश आते हैं बड़े ही प्यार से
क्या बताएं जुड़ न पाए हम नए संसार से

जिसे देखो वास्ता रखता है बस बाज़ार से
आजकल सब को है मतलब अपने कारोबार से

गूंजता है शहर अब तो रोज़ नारों से यहां
अब कहां वह गूंजता सच्चाई की जयकार से

देखिए टी.वी. मिलेंगे सिर्फ़ नेता ही यहां
कुछ नहीं लेना इसे, लेखक, कवि, फ़नकार से

जिन से होती है कमाई, सुर्ख़ियां बनते हैं वे
और क्या उम्मीद आख़िर अब करें अख़बार से

हो वो नेता या विजेता या कोई साधु–महंत
है कहां फुर्सत इन्हें स्वागत से या सत्कार से

लोग कम्प्यूटर में खोए हैं सुबह से शाम तक
उन को लेना–देना क्या है आज घर–परिवार से

152.

बख़्श दीं नाकामियों ने जितनी ग़ज़लें आज तक
कामियाबी उतनी ग़ज़लें साथ ला पाई नहीं

सौंप देती है चुनौती आदमी को इतना दम
रोक पाती कोई ख़ंदक या कोई खाई नही

153.

जिस से जेबें नहीं भरी जातीं
उस तिजारत में जम गए हैं हम

भीड़ उमड़ी पड़ी है मॉलों में
उस तरफ़ सब से कम गए हैं हम

154.

चर्चा में कहां आता कभी आम आदमी
हर एक ख़बर ने उसे गुमनाम किया है

कौन आ कर हम को पहनाएगा ताज
शायरे–आज़म नहीं हैं, क्या करें

जो ख़ुशामद सीख कर आए नहीं
झोलियां भर कर कभी लाए नहीं

जब तलक कोई हमें भाए नहीं
हम ने उस के गुण कभी गाए नहीं

वो महज़ दलदल में धंस कर रह गए
जो किसी भी दल से जुड़ पाए नहीं

ख़ूबसूरत हैं कई झंडे मगर
हम ने अपनी छत पे फहराए नहीं

है बड़ा वरदान प्रतिभा, सोच कर
दान पाने को तो मंडराए नहीं

जिन की जेबों में है चाबी देश की
द्वार उन के हम ने खटकाए नहीं

अर्ज़ियां लिखते तो पा लेते मुराद
सिर्फ़ लिख कर शेर पछताए नहीं

155.

जिन से न कोई बैर हो, कोई गिला न हो
उन के दुखों में कैसे कोई मुब्तला न हो

मुश्किल अगर हो कोई उठा लूंगा मैं मगर
हर रोज़ मुश्किलों का कोई सिलसिला न हो

उस को भी मुझ से कोई शिकायत हो क्यों फ़ज़ूल
जो मुझ से आज तक भी कहीं पर मिला न हो

सजती नहीं माथे पे बिना बात की शिकन
मैं चाहता हूं मुझ से किसी को गिला न हो

ऐसा तो कोई संगदिल मुश्किल से मिलेगा
सुन कर ख़बर ख़राब कभी दिल हिला न हो

156.

फड़फड़ाने को आसमां तो है
सर छिपाने को आशियां तो मिले

फूल बेताब हैं महकने को
कोई अच्छा–सा बाग़बां तो मिले

संत कहते हैं सब मिलेगा वहां
हम ये कहते हैं कुछ यहां तो मिले

बेवफ़ाई के इस ज़माने में
लैला–मजनूं की दास्तां तो मिले

हम कहां बैठ कर के सुस्ताएं
रहनुमा का कोई बयां तो मिले

लोग कहते हैं छा गए हैं वो
उन का कोई कहीं निशां तो मिले

शौक़ से हम भी बैठ जाएंगे
ढंग का कोई इम्तिहां तो मिले

कैसे पहुंचेंगे राही मंज़िल तक
कोई अच्छा–सा कारवां तो मिले

157.

नाम तो वे ही कमाते जो हुए बदनाम
जिन के हंगामे चला करते सुबह से शाम

ज़िक्र तो रावण का ही चलता रहा दिन–रात
यह अलग है बात खाई मात, जीते राम

व्हाट्सअप हो, चाहे टी.वी. हो, या हो अख़बार
ज़िक्र खलनायक का चलता रात–दिन अविराम

जान लो यह व्यर्थ की है उन की आबो–ताब
जिन के ऊपर है नहीं कोई बड़ा इल्ज़ाम

शेर से ज़्यादा मचा देते हैं नारे धूम
राही जी रख कर क़लम कर लो ज़रा आराम

कविता मेरी ज़बान पर लोगों के चढ़ गई
कहते हैं मठाधीश मगर वह पिछड़ गई

158.

दुनियादारी ने तो डुबोया है
शायरी ने दिमाग़ धोया है

ढूंढ पाना किसी को मुश्किल है
जिस को देखो ग़ज़ल में खोया है

हम ने तो राही जी लड़कपन से
हार ग़ज़लों का ख़ुद पिरोया है

159.

काश! मेरी क़लम पे आ जाए
शेर जो गुफ़्तगू पे छा जाए

सोज़ गर शायरी में ढल जाए
पूरे माहौल में समा जाए

जो कहानी ज़रा–सी राहत दे
कोई आ कर मुझे सुना जाए

चूम लूंगा मैं उस के पांव अगर
कोई जीना मुझे सिखा जाए

लालची तो नहीं हूं मैं फिर भी
जाने किस का जमाल भा जाए

शायरी में अगर तरन्नुम हो
जाने कब कौन उस को गा जाए

ख़ुद अंधेरा भी झूम जाएगा
कोई जुगनू–सा झिलमिला जाए

160.

न तुम जैसा तरन्नुम है, न तुम जैसी लचक कोई
तुम्हारे साथ चल सकता है जन्मों तक अथक कोई

उदासी दिल पे जब छाए तो इतना याद कर लेना
तुम्हारी याद में खोया हुआ है आज तक कोई

दिलों में हादसों का ख़ौफ़ कुछ ऐसा समाया है
बड़ी मश्किल से होता है शहर में बेझिझक कोई

शिकंजों में कसा है इस क़दर क़ानून ने अपने
मियां–बीवी की जन्नत को बना डाला नरक कोई

घड़ी–भर के लिए गर्दिश ठहर जाती ज़माने की
ज़मीं को चूमता जब बांह में भर कर फ़लक कोई

समूचा गांव इक बाज़ार की सूरत में ढल जाता
शहर को गांव से जब जोड़ देती है सड़क कोई

मेरा एक दोस्त मुश्किल में बड़ा ही काम आया है
मुझे ऐसा लगा सच हो गया जैसे मिथक कोई

दिखाना चाहते हो ज़ख़्म सीने के जिन्हें राही
लिए बैठे हैं हाथों में बड़ा सस्ता नमक कोई

161.

जब भी मंज़िल का इशारा आ गया
प्यार राहों पर दुबारा आ गया

चलना–फिरना हो गया दुश्वार जब
उन की महफ़िल से बुलावा आ गया

पूछते हैं दोस्त बस सेहत का हाल
इस का मतलब है बुढ़ापा आ गया

दर्द हिस्सा तो है जीवन का मगर
मेरे हिस्से थोड़ा ज़्यादा आ गया

मांग बैठे प्यार की दौलत अगर
हाथ में ख़ाली लिफ़ाफ़ा आ गया

नाव ने धोखा दिया मंझधार में
काम तिनके का सहारा आ गया

क़र्ज़ ग़ैरों का अभी उतरा न था
रिश्तेदारों का तक़ाज़ा आ गया

झूठ को जब भी चुनौती दी तो वो
ओढ़ कर सच का लबादा आ गया

ये ग़ज़ल सुन के आप की राही
जी में जीने का इरादा आ गया

162.

कुछ तो लोगों ने ज़हर के जाम भर–भर कर दिए
और कुछ हम ने भी अपने हाथ से भर कर पिए

ज़िन्दगी! तू ने हमें दिन–रात तड़पाया तो है
हम ने भी तुझ से मगर गिन–गिन के बदले ले लिए

अब तो अपना हमसफ़र हम को बना लेना कबीर
फूंक अपना घर तमाशा हम तो ख़ुद देखा किए

टुकड़े–टुकड़े कर दिए हैं हम ने ख़ुद सब्रो–क़रार
धज्जियां अपनी उड़ा कर हम तो क़िस्तों में जिए

मांग लेते कुछ–न–कुछ हम भी ज़माने से मगर
कौन अब गठरी संभाले, कौन दामन को सिए

लिख रहे राही जी अब तो कवि बहुत–से मुक्तछन्द
जोड़ते हैं शौक़ से हम तो ग़ज़ल के क़ाफ़िए

163.

अचानक दोस्ती करना, अचानक दुश्मनी करना
ये उस का शौक़ है यारो, सभी से दिल्लगी करना

सभी जज़्बात को दीवानगी की हद समझते हैं
ये ऐसा दौर है इस में संभलकर शायरी करना

अंधेरे आंधियां बन कर चिराग़ों को बुझाते हैं
बड़ा मुश्किल है दुनिया में ज़रा–सी रोशनी करना

ख़िज़ाएं ढूंढती फिरती हैं बाग़ों में बहारों को
न कोई फूल महकाना, न आंगन शबनमी करना

वफ़ा के नाम पर राही चलन है बेवफ़ाई का
न इस के नाम अपनी रूह की कोई ख़ुशी करना

164.

चुपके से उठके आए हम महफ़िले–सनम से
थी भीड़ इतनी ज़्यादा झेली न गई हम से

तेरे हाथ जोड़ता हूं मुझे बख़्श दे ज़माने
मैं जुड़ नहीं सकूंगा दुनिया के पेचोख़म से

मैं क्या करूं जिगर में बस शेरो–शायरी है
चलता है दोस्ताना दिन–रात बस क़लम से

जो बख़्श दी क़लम ने उतनी ही है कमाई
लगती वो बेशक़ीमत दुनिया की हर रक़म से

कितना भी खूबसूरत हो झूठ, बेमज़ा है
जो कुछ भी कह रहे हैं कहते हैं हम क़सम से

165.

कोई मांगता है जन्नत, कोई देव पूजता है
मैं क्या करूं मुझे तो बस शेर सूझता है

धुन शायरी की जब से छाई दिलो–जिगर पर
औरों की बात छोड़ो अपना नहीं पता है

जब से क़लम संभाली संभला न और कुछ भी
जाने हुनर ये मुझ को किस ने किया अता है

रहता हूं कशमश में फिर भी समझ न पाता
जाने ये कोई ख़ूबी, जाने कोई ख़ता है

पहचान मेरी अब तो बस इतनी रह गई है
शायद कोई रुबाई, शायद कोई क़िता है

अशआर जिनके मेरे दिल में' बसे हुए हैं
लगता है उन से जैसे कोई ख़ास वास्ता है

166.

तू ने खोया मेरा पता जब से
लापता हो गया हूं मैं तब से

मैं भला किस का इंतज़ार करूं
दोस्त मिलते हैं सिर्फ़ मतलब से

गर गिला मैं करूं तो किस से करूं
अपनी क़िस्मत से, ख़ुद से या रब से

जब भी पहुंचा हूं किसी मंज़िल के पास
मार दी क़िस्मत ने ठोकर क्या करूं

ख़्वाब कोई झांकता तक भी नहीं
आंसुओं से आंख धोकर क्या करूं

थपकियां दें झूठी उम्मीदें अगर
मैं किसी भी रात सो कर क्या करूं

167.

अक़्ल कहती है सयानों से बनाए रखना
दिल ये कहता है दीवानों से बनाए रखना

लोग टिकने नहीं देते हैं कभी चोटी पर
जान–पहचान ढलानों से बनाए रखना

जाने किस मोड़ पे मिट जाएं निशां मंज़िल के
राह के ठौर–ठिकानों से बनाए रखना

हादसे हौसले तोड़ेंगे सही है फिर भी
चंद जीने के बहानों से बनाए रखना

शायरी ख़्वाब दिखाएगी कई बार मगर
दोस्ती ग़म के फ़सानों से बनाए रखना

आशियां दिल में रहे, आसमान आंखों में
यूं भी मुमकिन है उड़ानों से बनाए रखना

दिन को दिन रात को जो रात नहीं कहते हैं
फ़ासले उनके बयानों से बनाए रखना

एक बाज़ार है दुनिया ये अगर राही जी
तुम भी दो–चार दुकानों से बनाए रखना

168.

दोस्त हैं, हमदर्द है, घर–बार है
क्या करें लेकिन फ़िज़ा बीमार है

क्या उड़ाएं यार छुट्टी का मज़ा
ज़िन्दगी कर्फ़्यू लगा इतवार है

काश कोई छीन ले उस से कहीं
वक़्त के हाथों में जो तलवार है

हो गई सारी सजावट उस के नाम
जिस तरफ़ भी देखिए–बाज़ार है

सब किताबें क़ैद हैं बुकशेल्फ़ में
हाथ में बस आजकल अख़बार है

169.

औरों ने तो फिर भी सुन ली मेरे मन की व्यथा–कथा
पर सुन पाने को अपनों के पास तनिक भी समय न था

कौन सगा है, कौन पराया, तय कर पाना मुश्किल है
है दिमाग़ लोगों की पूंजी, किस के पास महज़ दिल है

बसा कौन अपने पड़ोस में इस तक का अहसास नहीं
और बहुत कुछ आस–पास है, समय हमारे पास नहीं

हमें बड़ी चिंता है तारों में इतनी हलचल क्यों है
गली–मुहल्ले की बातों का हम को कोई नहीं पता

पास हमारे नहीं कहानी जो बच्चों को सुना सकें
बस इस की चिन्ता है क्या है पास जिसे हम भुना सकें

बच्चों के भी पास कहां है समय बड़ों की बात सुनें
इतने हैं मोबाइल आख़िर किसे छोड़ दें, किसे चुनें

बाज़ारों की धूम–धाम में घर की रौनक़ डूब गई
पीढ़ी नई देश की आबो–हवा तलक से ऊब गई

शौक़ फ़ेसबुक का इतना है भूल गए चेहरे अपने
अन्तर में बस गई सूचना, हुए पराए सब सपने

अब विदेश मन को भाता है, देश अजायबघर–सा है
इस में देन बड़ों की भी है, बच्चों की ही नहीं ख़ता

170.

हम ने जिस शोहरत की ख़ातिर ज़िन्दगानी वार दी
लोग आए और आकर उस को ठोकर मार दी

हम को है मालूम मिल जाती है अक्सर हार भी
है हमारी तो शिकायत–क्यों हमें हर बार दी

क्यों विधाता ने हमारे हाथ में सौंपे गुलाब
क्यों नहीं बख़्शी कटारी, क्यों नहीं तलवार दी

गूंजते हैं वेदवाणी की तरह योगी कई
क्यों नहीं दाता ने हम को भी कोई झंकार दी

हम क़लम के हैं सिपाही, वो रक़म के हैं मुरीद
वक़्त ने हम को उपेक्षा, उन को जयजयकार दी

171.

मैं ने बेची नहीं क़लम अपनी
यों तो सत्ता ने ख़ूब फुसलाया

हाथ ख़ाली है, जेब ख़ाली है
मेरी शोहरत है मेरा सरमाया

झूठ की रोशनी जहां छाई
मिल न पाई वहां मेरी छाया

जब भी आई ख़ुशी स्वयं आई
मैं बुला कर कभी नहीं लाया

172.

उम्र अपनी क्या बताऊं मैं जनाब
जब तलक है शायरी तब तक शबाब

शुक्र है बच्चे हमारे साथ हैं
लोग अनगिन हो गए ख़ाना ख़राब

मैं ने अपना हौसला तोड़ा नहीं
पूरा खिल पाया नहीं, है तो गुलाब

जिस में शायर ज़ुल्म को ललकारता
शेर लगता है मुझे वह लाजवाब

ऐसा लगता है कि तोहफ़ा मिल गया
हाथ लग जाती है जब कोई किताब

उंगलियों पर कब तलक गिनते रहें
मुश्किलें तो इन दिनों हैं बेहिसाब

हमसफ़र का हाथ थामे ही रहो
चाहे मंज़िल दूर हो राही जनाब

173.

साधनों के भक्त ऊंचे मंच पर आसीन हैं
आप क्यों अब तक निरन्तर साधना में लीन हैं

आम कपड़ों से नहीं बन पाती कोई ख़ास बात
शाल महंगे ओढ़ते हैं जो बड़े स्वाधीन हैं

174.

कौन अब किस का यहां है हमनशीं
बांधते रहते हैं बिस्तर सब यहीं

नाज़–नख़रों को मुबारक उसकी शान
सादगी है अब भी पहले–सी हसीं

देख कर शैतानियत की छेड़छाड़
आदमीयत हो गई पर्दानशीं

हम भी छू सकते थे कोई आसमां
छोड़ पाए हम कहां अपनी ज़मीं

काश कोई तो कहे आख़िर कभी
फिर से पढ़िए शेर अपना–आफ़रीं

बढ़ रहा है शायरों का क़ाफ़िला
देखिए राही जी भी होंगे वहीं

175.

सर क़लम हो जाए चाहे, हम न छोड़ेंगे क़लम
जिस तरफ़ भी देखिए छाया हुआ है पेचो–ख़म

हम झुका भी दें अगर सर कौन पहनाएगा ताज
पूछते हैं लोग–किस नेता के चूमे हैं क़दम

जिस तरह महफ़िल में जलती आई है हरदम शमा
झेल लेंगे आंच दिल में, हो भले ही आंख नम

बेवफ़ाई से हमारी दोस्ती छनती नहीं
जो है सच्चाई की मूरत, है वही अपना सनम

चाहे ख़ुद को बेच डालें, बिक नहीं सकती क़लम
हाथ में जब तक क़लम है बस तभी तक तो हैं हम

जीत की ख़ातिर नहीं जीते सुबह से शाम तक
हम तो हैं मसरूर हम को मिल गया दिलकश सनम

जीत से बढ़ कर हमें तो प्रीत ने मोहित किया
प्यार ही है ज़िन्दगी की सब से मतवाली रसम

दिल से निकला शेर कोई कम नहीं है मंत्र से
बन गए ऋषि हम भी राही छोड़कर सारे भरम

176.

कब तलक बस धर्म की या जात की बातें करें
आइए, बिगड़े हुए हालात की बातें करें

अक़्ल की ऊंची उड़ानें कब तलक भरते रहें
क्यों न हम आख़िर कभी जज़्बात की बातें करें

कब तलक भरते रहेंगे झोलियों में बख़्शिशें
जो मिली ख़ुद से, उसी सौग़ात की बातें करें

चांद–तारों पे तो लिक्खे हैं क़सीदें अनगिनत
जब कभी चमकेंगे हम, उस रात की बातें करें

भीड़ बन कर जी रहा है क्यों भला हर आदमी
क्यों न हम अपनी अलग औक़ात की बातें करें

धूप खिलती है, खिला देती है ग़ुञ्चे अनगिनत
क्यों भला हम रात–दिन हिमपात की बातें करें

मन्त्र थे हम, यन्त्र बन कर रह गए राही जनाब
काश! निर्मल सोच की बरसात की बातें करें

177.

कोई भी बरसात मुझ पर कर नहीं पाई असर
किन्तु अपने आंसुओं से हो गया मैं तर–बतर

काम करता मैं अगर ये, काम करता वो अगर
क्या बताऊं, सोचता ही रह गया मैं उम्र–भर

बस यही गुस्ताख़ियां मुझ से हुई हैं, क्या करूं
अपनी शैली में हमेशा ज़िन्दगानी की बसर

जिस को देना चाहता कोई सज़ा परवरदिगार
भर दिया करता है उस के जाम तक में भी ज़हर

कोई भी मैदान ख़ाली मिल न पाएगा कहीं
भीड़ उमड़ी पड़ रही है लीडरों को घेर कर

देखिए टी.वी. या अख़बारों की देखें सुर्ख़ियां
आप को आएंगे केवल राजनेता ही नज़र

बन गई है आजकल प्रतिभा हकूमत की ग़ुलाम
जिस से सहमत ही नहीं, उस से मिला देती है स्वर

कब तलक हालात से लड़ते रहोगे रात–दिन
कुछ तो राही जी संभालो, अपनी सेहत, अपना घर

178

क्यों रहें हम रात–दिन बस बेक़रार
कुछ तो बेमांगे कभी मिल जाए यार

वक़्त को फ़ुर्सत कहां मिलती है रोज़
करना पड़ जाता है सब को इंतज़ार

179.

फूल मांगे थे सिर्फ़ ख़ार मिले
वो भी हम को तो बार–बार मिले

कितने जलवे दिखा रहे नेता
काश! कोई तो जानदार मिले

हम चुका पाए कब, कहां क़ीमत
जितने सुख पाए हैं, उधार मिले

चोटियों का जो लाए संदेशा
कोई तो ऐसा आबशार मिले

तोहमतें लग रही हें कितनों पर
यार, कोई तो शर्मसार मिले

180.

पांव किस मोड़ से लगे छिलने
किस से पूछा है यार मंज़िल ने

जाम ख़ाली हैं, हाथ ख़ाली हैं
कब दिया ध्यान मुझ पे महफ़िल ने

जाने किस बाग़बां का जादू है
फूल कांटों में भी लगे खिलने

181.

ज़िन्दगी सारी लुटा दी पर मिला कुछ भी नहीं
क्योंकि मक्कारों से अपना सिलसिला कुछ भी नहीं

नाम ले कर ब्रह्म का चमका रहे अपना अहं
सिलसिला ऐसा चला जिस का सिला कुछ भी नहीं

तू ने किया है याद मुझे मुद्दतों के बाद
मुझ को तो सताती रही हर रोज़ तेरी याद

राही जी फूल–पौधे बचाएंगे कैसे लोग
पानी छिड़क रहे हें बिछा नफ़रतों की खाद

मुझ से मेरा हाल न पूछा यों तो पूछे कई सवाल
अरसे बाद न जाने कैसे आया मेरा उसे ख़याल

छनी दोस्ती बस अपने से, ख़ुद का मतलब ख़ुदगर्ज़ी
हाल उसी का पूछेंगे सब, जो हो जाए मालामाल

182.

किस से क़दम मिलाऊं कोई हमसफ़र तो हो
जो मिल सके तपाक से कोई बशर तो हो

खो जाते हैं ख़ुद भीड़ में या ख़ुद जुटाते भीड़
सब लोग ख़ुद से हैं परे, कोई इधर तो हो

आंखें चुराना मेरा कोई शौक़ नहीं है
देखूं मैं किस तरफ़ कोई मुझ पर नज़र तो हो

बच्चे भी मांगते नहीं मां–बाप का दुलार
कुछ भी न मिल सके, न मिले, मालो–ज़र तो हो

क़िस्मत ये देखती नहीं, किस का है हक़ कहां
बन्दे में ज़ोड़–तोड़ का कोई हुनर तो हो

ख़ाली नहीं है हाथ हमारा, क़लम तो है
दिन–रात घिस रहे हैं, किसी पर असर तो हो

कुछ और नहीं पास हमारे जो छिपाएं
छिप जाए जिस में सर, कोई छोटा–सा घर तो हो

183.

बिजलियां तक ठोकरें खा–खा के गिर जातीं कहीं
सृष्टि में आराम मिलना रात–दिन मुमकिन नहीं

मुट्ठियां कितनी भी भींचें खोल देता है समय
हस्तियां भी कब तलक आख़िर उन्हें भींचे रहीं

चैन से पूजा–इबादत चाहिए होनी जहां
ख़्वामख़ा नारे लगा कर भीड़ जुट जाती वहीं

184.

तक़दीर में नहीं था, चलो मिल न पाया प्यार
मिल जाए काश कोई कभी सच्चा ग़मगुसार

कब तक कटेगा वक़्त बस तन्हाइयों के साथ
कब तक करूंगा यूं ही क़यामत का इंतज़ार

मिल जाए दर्द, पर कोई हमदर्द ही न हो
कैसे सहेगा आदमी तक़दीर की ये मार

चारों तरफ़ है भीड़, जलूसों का शोर है
ढूंढो हजूम में ही कहीं कोई मददगार

कांटों ने पीटे ढोल–नगाड़े तमाम दिन
फूलों की बात छोड़िए, मुरझा गई बहार

राही जी जाम छोड़ो, संभालो क़लम–दवात
इन का अलग सरूर है, इन का अलग ख़ुमार

185.

चांद चमके तो सितारों को पूछता है कौन
दूर तक बिखरे अंगारों को पूछता है कौन

जो भी कहना है ज़रा शोर मचा के कहिए
भीड़ में सिर्फ़ इशारों को पूछता है कौन

जिस जगह देखिए सेठों के ठाठ छाए हैं
आजकल वक़्त के मारों को पूछता है कौन

सारा माहौल गूंजता है तेज़ नारों से
सच की मासूम पुकारों को पूछता है कौन

पालकी जिस की है उस का ही दौर–दौरा है
राही बेचारे कहारों को पूछता है कौन

186.

जगमगाती शान के क़ाबिल नहीं
मैं किसी यशगान के क़ाबिल नहीं

दूसरों की बेरुख़ी अपनी जगह
मैं किसी अहसान के क़ाबिल नहीं

हाथ फैलाना मुझे आता नहीं
क्या करूं वरदान के क़ाबिल नहीं

जी रहा हूं शान से गुमनामियां
मैं किसी सम्मान के क़ाबिल नहीं

दोस्तो, मेरे तराने हैं अलग
मैं किसी सहगान के क़ाबिल नहीं

187.

सदमे हैं बेशुमार, कोई इन्तहा तो हो
कब तक सहूंगा यार, कोई इन्तहा तो हो

सौग़ात मिल भी जाए अगर कैसे संभालूं
दामन है तार–तार, कोई इन्तहा तो हो

वादा किया था उस ने कि वादा निभाएगा
कब से हैं इंतज़ार, कोई इन्तहा तो हो

बाज़ार में जब तक न कोई साख बनी हो
मिलता न कुछ उधार, कोई इन्तहा तो हो

छाया है शायरी का जनूं दिल–दिमाग़ पर
संभला न रोज़गार, कोई इन्तहा तो हो

पी ली थी लड़कपन में तमन्नाओं की शराब
उतरा नहीं ख़ुमार, कोई इन्तहा तो हो

मंज़िल की आस छोड़िए राही जी, राह में
बिखरे हुए हैं ख़ार, कोई इन्तहा तो हो

188.

लोग तो मंज़िलों का पता पा गए
हम जहां से चले थे वहीं आ गए

हमनशीनों के क़िस्से पुराने पड़े
अब तो जलवे मशीनों के ललचा गए

ढूंढिए मीर, मीरा, निराला कहां
नाम तक उनके पुस्तक में धुंधला गए

189.

हम भी ख़ुद को बदल के देखेंगे
अपनी हद से निकल के देखेंगे

क्या पता थोड़ी नींद आ जाए
हम भी करवट बदल के देखेंगे

है ये मुमकिन हसीन बन जाएं
तेरे सांचे में ढलके देखेंगे

क्यों रहें रात–दिन तकल्लुफ़ में
हम भी थोड़ा मचल के देखेंगे

प्यार अपनों का है अगर चन्दन
हम भी चेहरे पे मल के देखेंगे

है ये मुमकिन संभाल ले कोई
हम भी राही फिसल के देखेंगे

OOO

www.ingramcontent.com/pod-product-compliance
Lightning Source LLC
LaVergne TN
LVHW100042051026
849525LV00001B/203
9789356844629